奢侈品战争：

品牌金字塔与行业巨鳄

Les Guerres du Luxe

[法] 史蒂芬·马尚 ——————— 著
Stéphane Marchand

潘娥 ——————— 译

重庆大学出版社

Originally published in France as:
LES GUERRES DU LUXE by Stéphane Marchand
©LIBRAIRIE ARTHEME FAYARD, 2001
Current Chinese translation rights arranged through Divas International, Paris
巴黎迪法国际

版贸核渝字（2024）第 029 号

图书在版编目 (CIP) 数据

奢侈品战争 : 品牌金字塔与行业巨鳄 / (法) 史蒂
芬·马尚著 ; 潘娥译 . -- 重庆 : 重庆大学出版社，
2025. 8. -- (万花筒). -- ISBN 978-7-5689-5475-4
Ⅰ . F76
中国国家版本馆 CIP 数据核字第 2025ZC1521 号

奢侈品战争：品牌金字塔与行业巨鳄
SHECHIPIN ZHANZHENG： PINPAI JINZITA YU HANGYE JU'E
[法] 史蒂芬·马尚（Stéphane Marchand） 著
潘 娥 译

策划编辑：张 维
责任编辑：石 可
责任校对：王 倩
书籍设计：崔晓晋
责任印制：张 策

重庆大学出版社出版发行
社址：（401331）重庆市沙坪坝区大学城西路 21 号
网址：http://www.cqup.com.cn
印刷：重庆亘鑫印务有限公司

开本：890mm×1240mm 1/32 印张：13.5 字数：290 千字
2025 年 8 月第 1 版 2025 年 8 月第 1 次印刷
ISBN 978-7-5689-5475-4 定价：69.00 元

此书献给索莱娜

奢侈品的对立面不是贫穷，而是庸俗。

—— 香奈儿

目 录
Contents

汤姆的灵柩

巴黎的夜空弥漫着一片乌云，边缘如帷幕般缓缓融入天际。暮色温柔而无情，令人心神一凛。白昼消逝，一辆辆豪华轿车泊在罗丹博物馆门前，贵宾们鱼贯而出。比隆酒店的庭院内铺着黑色地毯，通向公园中央如灵柩般的黑紫色帐篷。客人要穿过两排男孩女孩，或穿着晚礼服，或仅在脖颈上系一条皮领带。博物馆内，星星点点的淡紫色灯光透过百叶窗洒落在一片幽兰花畦上，氤氲空气中弥漫着淡淡的香气。

氛围如此庄重，当 600 位宾客进入帐篷时，他们不自觉地压低了声音，仿佛走进了地下墓穴，然后在指定的坐席上落座。对于一场时装秀来说，这种气氛有些不太寻常。听不到媒体摄影师们的叫嚷声，他们全都被主人拒之门外了。

贵宾们是根据影响力、名气或财富来挑的。甄选过程非常严格，巴黎时尚界的特权那一套在这里行不通。客人们都准点抵达，像美国人那样守时。的确，不是每天都能有机会亲历如此盛事。今晚，整个巴黎时尚界将见证伊夫·圣罗兰（Yves Saint Laurent）这位 20 世纪最伟大的服装设计师象征性的死亡与复活。今晚，古驰的首席设计师汤姆·福特（Tom Ford）将展示他的圣罗兰左岸成衣系列，这是自 1999 年圣罗兰被古驰（Gucci）收购后品牌首次推出成衣系列秀。

汤姆·福特，这位得克萨斯人深知未来的挑战，他严阵以待，在这个神话般的场所营造出近乎军事化的氛围，既显示了他天才般的自大，也能看出他为了向偶像致敬所做的努力。现在，他是圣罗兰帝国的新晋国王，他深知人们将以伊夫·圣罗兰的标准来评判自己。圣罗兰，这位垂暮病重的皇帝，宁愿幽居在马拉喀什或丹吉尔的宫殿，也不愿目睹自己身后的世界如何变化。关键是确保圣罗兰品牌不会因为他的死去敲响丧钟，这才是最重要的，这是一场豪赌，赌注高达数十亿美元，为这一个晚上花费近 200 万美元是值得的。

2000 年 10 月 13 日，星期五。为了这场盛大的开幕仪式，福特已经精心准备了一年。他遍览圣罗兰半个世纪以来的创作，研习大师的经典之作，最终确立了圣罗兰的风格准则。今晚，圣罗兰法则无一缺席。所有的模特都是瘦高的金发女孩，宛如贝蒂·卡特鲁（Betty Catroux）的复制品，她是圣罗兰的第一位缪斯，也是最后一位。卡特鲁今晚坐在前排，平静地接受着这份致敬。模特们穿着圣罗兰年轻时穿过的背心、他在 20 世纪 40 年代系列中设计的经典凉鞋，以及由莱兰（Lalanne）雕刻的钻石胸衣。时装秀是极简主义的，确保不犯品味错误。汤姆·福特谨慎行事，避免直接挑战圣罗兰的色彩天赋。在颜色搭配上他打了安全牌。经典的黑白配，偶尔加上一抹紫色；剪裁精致的小黑裙，采用腰带多次缠绕腰部的设计；白色缎面大衣肩部棱角分明；模特双手插在口袋里，中性的设计让模特们雌雄莫辨。

这场时装秀既优美又时尚，但在场的每个人都感到某种难以名状的失落，这种缺憾破坏了派对的气氛。有几位"毒舌"觉得时装秀质量不过关。克里斯汀·拉克鲁瓦（Christian Lacroix）的前董事长让-雅克·皮卡（Jean-Jacques Picart）虽然没有被邀请，但他在看过时装秀的录像带后，皱眉道：

"做得太差了！衣服不够平整，模特走动起来裙子都歪了。事先肯定没试穿过。这场时装秀真吓人。"

尽管汤姆·福特在给宾客的小册子里解释说他想回归本质，但纯粹主义者仍感到失望。圣罗兰的本质是含蓄而感性的，而汤姆·福特走的是性感路线。圣罗兰赋予女性的那种微妙的感性已经被"巴氏消毒"了。古驰的科学全球化风格像清漆一样涂在古老的巴黎时装传奇上。欢迎来到 21 世纪！

尽管仍然有人在塞纳河畔追念圣罗兰帝国的荣光，但汤姆·福特既不是纠结的艺术家，也不是知识分子，更不是历史学家。他只是一个美国营销奇才，五年前将古驰从崩溃中拯救出来。从那时起，这家意大利皮具公司成为全球最具活力的奢侈品集团之一，并以 60 亿法郎（1999 年 1 法郎 ≈1.19 人民币。——编者注）的高价收购了圣罗兰。因此，他当然希望尽快获得投资回报。古驰花大价钱买下了一个辉煌的过去，汤姆·福特在巴黎的使命是确保一个灿烂的未来。他必须闯出一番名头。

奢侈品战争

罗丹博物馆的时装秀是汤姆·福特担任圣罗兰高级定制负责人后的首场时装秀，这是十年来全球奢侈品行业激烈斗争的高潮之一。这场战争自 1999 年初烽火燃起后越演越烈，一直延续到今天。这不仅是两位法国商界巨头——LVMH（酩悦·轩尼诗 - 路易威登集团的简称）的董事长伯纳德·阿尔诺（Bernard Arnault）和皮诺 - 春天 - 雷都（Pinault-Printemps-Redoute，PPR）集团（后改名为开云集团）的掌门人弗朗索瓦·皮诺（François Pinault）之间的对决，也是一场全球范围的战争，因为那些大的奢侈品集团实际上都是跨国公司。就像精彩的喜剧桥段那样，两个法国人中间还有一个人扮演着复杂的角色。他就是古驰的董事长、美籍意大利人多梅尼科·德索莱（Domenico De Sole）。自 1999 年起，皮诺、阿尔诺和德索莱三个人就足以搅动奢侈品世界的风云。

1999 年 1 月 6 日，星期三。古驰之战正式拉开帷幕。这一天，

LVMH 旗下的时装和皮具部董事长伊夫·卡塞勒（Yves Carcelle）一直在打电话。这位在奢侈品行业担任董事长的理工男，正四处联系多梅尼科·德索莱。他与德索莱关系不错，身为皮革业同行，他们之前有过接触。在一番努力之后，卡塞勒掌握的信息还是少得可怜。他只知道德索莱离开纽约去了欧洲，但具体行程不详。于是，他打电话追到古驰位于佛罗伦萨的总部，一名门卫接了电话：

"德索莱先生不在这里。所有人都放假了。"

没人了？太奇怪了。除非……卡塞勒突然想到那天是意大利的节日。于是他打电话到德索莱在伦敦的家。终于找到人了！而此时德索莱正要去淋浴。"我有急事！"卡塞勒急迫地说。德索莱只好重新披上浴袍，返回客厅，拿起听筒。他思忖着这个法国人大费周章地把电话打到他在伦敦的府邸，不会只是为了跟他聊聊天气。

"抱歉打扰你，德索莱，但这件事真的很重要。我必须告诉你，我们已经持有古驰超过 5% 的股份。"

德索莱缓缓咽了口唾沫。卡塞勒的声音听起来非常友善，但德索莱感觉不太对劲。如果这是一场友好的收购，卡塞勒不可能用这样的语气打电话。德索莱的大脑飞速转动，他想明白了，古驰和 LVMH 的股票都在华尔街交易，因为 LVMH 对古驰的持股比例突破了 5%，按照美国证券交易委员会的规定必须进行披露。

德索莱试探性地问："你们持股比例到底是多少？"

卡塞勒犹豫了一下，回答："我无权告诉你具体数字。"

这是一句毫无意义的废话。德索莱嘴巴发干，又问："那你们有什么打算？"

对方的回答仍然含糊其词，语焉不详。答案在几天后就揭晓了，确切地说是 1 月 12 日。LVMH 发布了一则简短的公告，宣布持有在纽约和阿姆斯特丹证券交易所上市的古驰集团 27% 的股份。

这次进攻并不让人意外。世界奢侈品界的巨头们都希望从这块巨大的蛋糕中分得一块。整个 20 世纪 90 年代，伯纳德·阿尔诺吞并了一个又一个奢侈品家族品牌，从迪奥（Doir）到思琳（Céline），从娇兰（Guerlain）到高田贤三（Kenzo），还有凯歌香槟（Veuve-Clicquot）、滴金酒庄（Château-d'Yquem）和丝芙兰（Sephora）。而他仍兴味盎然，胃口不减，因为他深信，每一次新的收购都能为他带来规模化的经济效益，为集团内部创造协同效应，并加强他在媒体界的影响力。由于阿尔诺财力雄厚，一掷千金，因此大部分被盯上的猎物并没有进行过真正的抵抗。

这次则不然，LVMH 解释说他们是在正当防卫。至少，用军事比喻来说，这是为了保护其核心品牌而实施的防御性打击。作为皮具行业的领导者，路易威登在所有竞争对手中占据着绝对优势，伊夫·卡塞勒也一直想保持这种优势。因此，1998 年底，当他看到普拉达（Prada）开始蚕食古驰的股份时，他吓坏了。古驰与普拉达结盟，将对路易威登构成极大威胁。在他看来，他现在所做的不过是自我保护，完全是正当合理的。

　　卡塞勒认为，古驰和路易威登这两家企业是可以在同一集团内实行独立运营的。

　　独立运营？还是在同一个集团内？德索莱对此表示坚决反对。两个品牌都是所属领域的大佬，也是在全球各个市场缠斗不休的两个死对头。因此，路易威登的高管进入古驰董事会这种事，光想一想都觉得很荒唐。这就好比百事可乐的负责人成了可口可乐的股东一样不可思议！德索莱清楚地意识到，如果古驰落入路易威登的手中，古驰必然会沦为二流角色。例如，如果皮具行业出现收购机会，LVMH难道会让自己的全资子公司放弃机会，而让只持有34%股份的竞争对手兼合作伙伴古驰获益？

多梅尼科的古驰

在时尚与奢侈品界，虽然意大利人和法国人同为欧洲人，意大利和法国的历史同样悠久且充满波折，但意大利人的价值观离美国人更近，离法国人更远。意大利人对质量的关注不像法国人那样虚无缥缈与傲慢。他们的政府不像法国政府那样热衷于慢慢扼杀本国的纺织业，所以，意大利如今拥有强大的工业基础和大量高素质的劳动力。此外，他们还擅长营销和传播。这就是为什么意大利人多梅尼科·德索莱和美国人汤姆·福特在新千年伊始能成为全球奢侈品的标志性组合。

多梅尼科·德索莱，这位胡须浓密的小个子男人，自1995年担任古驰集团首席执行官以来，将公司的营业额翻了两番。他的经历虽然不如古驰公司本身的历史那样传奇，但多年来，他已经成为公司的一部分。德索莱出生于罗马，在卡拉布里亚长大，父亲是一位将军。1970年，他前往新大陆，在哈佛大学获得硕士学位，并在美国最负盛名的律师事务所之一——巴顿、博格斯和布罗（Patton, Boggs & Blow）律师事务所开启职业生涯。事务所位于美国首都华盛顿。在那里，只需善于观察，挖掘出有希望、有潜力的客户，便可青云直上。德索莱的新老板建议他着手处理一桩稍微复杂些的案件，该案涉及一个意大利家族。几小时后，他便开始潜心研究古驰的案卷。

作为一名地道的意大利人，他对古驰家族的历史也略有耳闻。故事始于19世纪90年代，帅小伙古琦欧·古驰（Guccio Gucci）离开意大利，在伦敦萨沃伊饭店当服务生。在那里，他发现国际航班乘客对旅行箱包的需求很大。于是他回到佛罗伦萨，创办了一间皮具作坊，这间作坊在短短几十年内就征服了上流社会。古驰的竹节手袋受到格蕾丝（Grace）王妃、杰基·肯尼迪（Jacky Kennedy）和好莱坞巨星们的追捧。

老实说，德索莱很快就后悔了。为古驰家族工作是份苦差事，仿佛把他同时架在十把火上烤。这个家族的兄弟姐妹、堂兄弟姊妹、叔叔们在任何事情上都无法达成一致，唯一的共同点就是对财富的无尽贪婪。在这个挤满毒蛇的巢穴里，经常爆发剧烈争吵。每个人都一点就着，须臾之间就会大打出手。1982年7月16日，在佛罗伦萨托纳布奥尼大街董事会的豪华会议室里，保罗·古驰（Paolo Gucci）坚持用录音机录下会议过程，被一个兄弟暴打，而自己的父亲和堂兄却幸灾乐祸地袖手旁观。保罗被发现倒在街上，额头满是鲜血。除了这些闹剧，家族企业也深受其害。家族被仇恨和内斗搞得四分五裂，家族成员做出一系列自杀性的商业和工业决定。每个人都想推出自己的服装系列，开自己的商店，建自己的工厂；最重要的是，填满自己的腰包。罗伯托（Roberto）推出了古驰牌威士忌。前文被暴打的倒霉蛋保罗正准备推出一条皮具生产线与古驰对着干，而毛里齐奥（Maurizio）在生产 T 恤和钥匙圈。

在这混乱的局面中，遵守法律并不是古驰家族最关心的事。在巴顿、博格斯和布罗律师事务所，多梅尼科·德索莱作为新晋美国公民的任务是分散美国税务机关对古琦欧的第三个儿子阿尔多·古驰（Aldo Gucci）各种"组合策略"的关注。德索莱表现出色，很快家族就离不开他，还邀请他加入家族企业。这有点像罗伯特·杜瓦尔（Robert Duvall）在《教父》（Le Parrain）中扮演的角色。德索莱就是这种律师，有很大的影响力，但同时也渴望权力。1984 年，他接管了古驰美国公司，由于内部争执，位于纽约的子公司与意大利总部几乎断绝了联系。佛罗伦萨子公司破产了，原因是董事长毛里齐奥管理不善，他是古琦欧的第五个儿子鲁道夫（Rodolfo）的独生子。对德索莱来说，这是一个理想的局面。佛罗伦萨的麻烦越多，纽约的权力就越大，而纽约的掌控者正是他。

这个家族再次沦为战场。在所有争端中，阿尔多派和鲁道夫派之间的争端最为棘手。至少在 1986 年之前，所有人都是这么认为的。这一年，阿尔多和他的儿子保罗之间爆发了一场可怕的纷争，古驰家族在丑闻的泥淖中陷得更深了。因脾气暴戾而出名的保罗最终彻底背叛家族。他把家族的各种税务欺诈文件交给了美国当局，直接把父亲阿尔多送进监狱。81 岁高龄的阿尔多在狱中苦挨了将近一年。至此，古驰家族已经四分五裂了。

德索莱如履薄冰，他并没有结交多少盟友。比如阿尔多，在他还未进监狱前，就曾奚落德索莱："他就是晚宴结束后还总赖着不肯走的那种人。"他对德索莱持批判态度，认为德索莱管理公司的唯一目的就是为其老东家巴顿、博格斯和布罗事务所赚取佣金。而事务所的确在 1986 年给古驰开出过 100 万美元的账单。

除了争吵不休，家族成员全都以艺术总监自居。品牌形象因频繁的特许经营协议而受损，这些协议只是为了填补现金流，而家族成员热衷于从中获利。古驰的"双 G"标志被滥用于各种普通物品，如烟灰缸和打火机。全球范围内有 22000 种古驰产品，通过 2500 家店铺销售，几乎无处不在。古驰已经不再是奢侈品牌。

多梅尼科·德索莱目睹这一惨状，下定决心保持自己的立场。他仔细研究奢侈品牌运营中的禁忌，在这场令人痛心的混乱中，他成了稳定和高效的典范，领导着唯一盈利的子公司。

然而，在意大利，情况没有任何好转：古驰董事长毛里齐奥正在破产的边缘挣扎，拼命想把他叔叔阿尔多赶出公司。他向德索莱寻求帮助，德索莱假装思考对策，但其实他心意已决。德索莱坚信，要想拯救古驰品牌，就必须将古驰家族清除出局。

公司的资本被一群继承人瓜分。毛里齐奥作为公司的董事长，拥有一半股份，其余的股份则分散在叔叔、婶婶和堂兄弟们手中。每个人都握有这个日落帝国的一部分，包括保罗、阿尔多和毛里齐奥的父亲鲁道夫。此时，公司的状况已经糟糕到吸引了那些专门收购濒危企业的投资者。这些投资者通常以低价收购，然后通过整顿重组，使之重新上市。Investcorp，一家总部位于波斯湾巴林的基金机构，便是其中之一。它曾因成功拯救了一些濒临破产的公司并将它们上市而声名大噪，最辉煌的成就是将美国珠宝商蒂芙尼（Tiffany）送上了资本市场的轨道。

在毛里齐奥·古驰和多梅尼科·德索莱的帮助下，Investcorp以1.35亿美元控制了古驰集团的一半股份，即毛里齐奥未持有的部分。然而，在接下来的四年，公司的状况仍在恶化，亏损不断累积。Investcorp失去了耐心，需要有人为此负责。1994年，毛里齐奥，作为古驰公司里的最后一位古驰家族成员，被迫以1.75亿美元为交换条件离开公司。至此，古驰家族在古驰公司中再无一席之地。

德索莱的时机到了。同年，他被任命为董事长，带着重振这家皮具公司的重任回到了意大利。Investcorp投入了5000万美元的启动资金，希望迅速见到成果，并要求立即削减成本。德索莱关闭了由毛里齐奥在米兰斯卡拉歌剧院附近设立的豪华总部，将公司迁至佛罗伦萨郊区的卡塞利纳，创始人古琦欧·古驰便是在那里创立了他的第一间手工作坊。

故事还没有结束。一年后，也就是1995年，古驰家族再次遭受命运的重创。毛里齐奥在米兰办公室前遭职业杀手枪杀，享年 46 岁，幕后主使竟是他的前妻帕特里齐娅·雷吉亚尼（Patrizia Reggiani）。伴随着这场阴森的家庭悲剧，古驰努力重新开始。Investcorp 以 2 亿美元的价格将古驰挂牌出售。一位潜在买家出现了，这位法国买家要求降价 5000 万美元，他就是 LVMH 的董事长伯纳德·阿尔诺。LVMH 的所有高层都支持这次收购，尤其是路易威登的老板伊夫·卡塞勒，但阿尔诺决定：

"收购中止，这个品牌已经完了。"

如今，若阿尔诺回忆起这个决定，想必会感到些许苦涩：古驰现在的身价已经翻了 50 倍！

由于找不到买家，Investcorp 决定将古驰集团在纽约和阿姆斯特丹证券交易所上市——这个决定在古驰集团动荡的历史中意义非凡。在首次公开募股（IPO）之前，为了确保公司的未来，德索莱采取了两项预防措施。他通过唯一股东 Investcorp 的股东大会，顺利增加了资本。然后，他逐一任命监事会成员，他们是德索莱绝对忠诚的盟友。整个管理系统被牢牢锁定。

德索莱希望将古驰重新打造成一流品牌。因此，他无视那些建议将生产外包到远东地区的声音，坚持将生产车间留在意大利。他逐步取消边缘的特许经营权，并收回最具战略意义的特许经营权。例如，他很快回购了为古驰生产腕表的古驰腕表（Gucci Timepieces）。在定价策略上，他精心定位：比爱马仕（Hermès）便宜得多，略低于香奈儿（Chanel）。绿色和红色条纹的包袋、带有双 G 标志的塑料帆布袋，都被舍弃了，因为被大量仿制，它们已经成为品牌的负担。这些削减措施的效果立竿见影。1995 年上半年，公司的利润是前一年的五倍。德索莱在宣传和广告方面毫不吝惜，大肆投入。同时，他还简化了产品信息流通方式，增加古驰的专卖店。总之，由于掌握了所有的控制杠杆，德索莱大权在握。这正是集团所期待的。

不过，德索莱并不是一名独裁者。很快，他将大量的权力与责任转交给了 1990 年加入古驰的汤姆·福特。这名年轻的得克萨斯人最初负责女装成衣的设计，后来统管整个设计部。汤姆·福特目睹了公司的衰落。事实上，毛里齐奥输给德索莱的最后一战更是与他直接相关。毛里齐奥本人喜欢圆形和棕色，他认为福特热衷于几何形状和黑色，设计过于前卫，因此要求解雇福特，但德索莱坚持留下了他。

艺术独裁者

"我少年老成，野心勃勃，而且霸道专制。"

1994 年，也就是在毛里齐奥被前妻买凶谋杀，令古驰陷入动荡的前一年，汤姆·福特成为古驰的艺术总监，此时虽然还不能用"艺术独裁者"来形容他，但他的个人崇拜法则已经显现。他崇尚黑色，要求男人必须容貌俊朗、体型健硕，还要有"时尚感"。

汤姆·福特的确是一个英俊的男人。不论男女，所有人都认为他长得帅。古驰的股东们和银行家们更觉得他魅力无边。他们的认可不无道理：福特让创意服从于营销、推销和传播，让艺术服务于产品，福特或许扼杀了高级定制，但却帮股东们赚得盆满钵满。

这个奢侈品巨人的命运值得我们关注。1961 年，汤姆·福特出生于得克萨斯州奥斯汀，在新墨西哥州圣达菲度过了大部分青春时光。根据他的官方传记和采访记录，福特从小就对秩序、纪律和制服表现出明显的喜好与天赋。8 岁时，生于足球之乡的他没有去踢足球，而是为自己制订了极其详细的职业规划，年纪小小便自视不凡。十几岁时，他飞往纽约，在纽约大学学习艺术史。随后，他转学到帕森斯设计学院的建筑系。帕森斯在巴黎设有分校，福特在巴黎完成学业，同时在蔻依（Chloé）实习，担任新闻副专员。拿到学位后，他返回纽约，进入时尚界。他首先与凯茜·哈德威克（Cathy Hardwick）合作，随后担任佩里·埃利斯（Perry Ellis）的创意总监。

1990 年，他被古驰美国公司聘用，并即刻被派往米兰。当时他还不到 30 岁，冒险之旅开始了，但开局并不顺利。古驰面临倒闭，资金枯竭，团队分崩离析，经理们纷纷将简历投递给竞争对手。福特发现自己孤立无援，没人帮他把意大利语翻译成英语，连给他倒一杯咖啡的人都没有。但作为美国人，他在乱象中看到了积极的一面。在一家濒临破产的公司工作也有好处：拥有完全的创作自由。这也许是他职业生涯中一次绝好的机会。

福特独掌古驰的创意大权，可以将自己对时尚的独特见解付诸实践。福特还积极参与营销活动。为了避免顾客感到厌倦，同时增加销量，他精心打磨了"短期细分"和"渐进线"的技术，让顾客永远保持新鲜感。

早在 1990 年，汤姆·福特就明白，一个大品牌必须是全球性的。他希望古驰的复兴能影响全世界。但要在如此大的范围内树立新形象，单靠皮具是不够的，太单一了。重点必须放在毛里齐奥于 20 世纪 90 年代初开始推出的成衣上。福特将其转变为真正的战争机器。如今，虽然成衣仅占集团总收入的 10% 左右，但古驰正是通过一系列高度曝光的时装秀，将其形象频繁地注入公众的神经系统中的。

为了实现这种注入，广告宣传是最佳"注射器"。在汤姆·福特的词典里，广告是完善产品的"终极设计"。他亲自参与所有拍摄工作，通常由他的两位亲信，造型师卡琳·罗伊特菲尔德（Carine Roitfeld）和秘鲁摄影师马里奥·特斯蒂诺（Mario Testino）负责。从广告到时装秀，古驰的新形象逐渐浮现：性感、权力、金钱、放逸、松弛。无论大众是否接受这种形象，有一件事可以肯定：它瞬间受到了全世界的关注！

汤姆·福特要把一家没落的皮具制造商打造成一个国际化的奢侈品王国。大多数时候，他都能掩饰自己的野心，但偶尔也会透露出来。他对公司的产业和财务战略有发言权，但古驰的董事长多梅尼科·德索莱却无权干涉公司的设计。这两位男士之间时不时会爆发一些激烈争吵……

时至今日，福特已经非常富有，他的股票期权至少价值十亿法郎。这位时尚界的黑马就像好莱坞明星一样，时常在各个国家间穿梭。在 40 岁之前，他名下的不动产就相当可观。他在洛杉矶高地有一栋华丽的混凝土玻璃房子，设计师是理查德·纽特拉（Richard Neutra）；在古驰的伦敦总部有一套公寓，在巴黎塞纳河畔还有一套，拜访圣罗兰时他就住在那里；最重要的是，他在新墨西哥州海拔 2500 米处的石质沙漠中有一栋老屋，是祖母传给他的。那里空气清新，天空碧蓝，荒无人烟，是福特的理想住所。用他自己的话来说，在那里，他和伴侣时尚记者理查德·伯克利（Richard Buckley）度过了最为幸福快乐的一段日子，并且后者并不想要孩子。

店铺的特点

　　演员兰伯特·威尔逊（Lambert Wilson）和朋友们一起来了，他身材高大，令人瞩目。这是优秀的公关技巧之一：邀请高个子名人，确保记者们捕捉到他们的身影。一位保镖模样的总管佩戴耳机，看守着入口。服务生身穿黑色开领衬衫和长裤，托着伏特加鸡尾酒和精致点心在宾客中穿梭。今晚，意大利名牌古驰将在巴黎皇家街的新店举办开业庆礼。

　　店里放着摇滚音乐，宾客们在内衣展台前来回穿梭，同人风格的海报大胆且吸睛。这里的气氛优雅、冷淡、略显做作、中性，是典型的古驰风格。楼上人少一些，从远处看，一位脖颈线条优美的金色长发女郎看似赤裸，仅穿着一袭白色连衣裙，乳房在轻纱中若隐若现，正挡在多梅尼科·德索莱的脸前。这位古驰董事长八风不动，继续淡定地介绍他讲了无数遍的多品牌战略。模特同样是一脸镇定自若。真不愧是古驰。在它的每一家店里，价值3万法郎的儿童貂皮大衣都会被摆放在同一个位置，紧挨着价值 1.2 万法郎的小羊皮外套。这可以说是古驰店的"特点"了。

德索莱一直面带微笑，或许是因为圣诞临近，而他刚得知古驰集团的季度销售额翻番，达到了 6.15 亿美元。营业额的显著增长的确是这些规模相对较小的时尚集团的优势之一。

在这一发展战略中，古驰专卖店是实现同一目标的另一种手段。专卖店越多——只要位于世界上最富有城市的最佳位置，并大张旗鼓地进行宣传——销量就越高。这是肯定的，因为有钱人越来越多，而且越来越有钱。在现代奢侈品行业，专卖店就是企业的生命线。当然，古驰的专卖店有点美式系统化。一名巴黎人就曾嘲讽道：

"汤姆，实际上就是个橱窗设计师。"

这话也许没错，但汤姆可不是一般的橱窗设计师，他是设计大师。在福特的精心设计下，所有店铺都一模一样。古驰不像威登那样，根据所在国的民族风情而有所调整。古驰的营销理念是，在每家专卖店，穿古驰的女人必须能找到她所习惯的氛围。正如孩子们能在迪士尼世界任意游走一样，年轻的富婆也应该像在自己家里一样轻松随意地购物。古驰专卖店蕴含了这一套理念，一种完整的生活方式。

迷人的血腥味

虽然形势十分紧张，但伯纳德·阿尔诺却精神抖擞。就像西部小说里写的那样，这种神秘感充斥着血腥味。古驰的运作让他想起了当年征服布萨克（Boussac）的狂野岁月，朝着 LVMH 的胜利方向进攻，这些回忆令他肾上腺素飙升，他还记得那些没完没了的战术计划会议，那种无与伦比的狩猎般的感觉。他喜欢古驰之战的一切：出其不意的进攻、溃不成军的对手、成为媒体宠儿的自己。如果对方俯首称臣，他自可宽宏大量；胆敢负隅顽抗，休怪他铁血无情。他是奢侈品界的成吉思汗！

此时，他继续包围对手，走访古驰的股东，收购他们的股份：一些来自普拉达，一些来自邓普顿和帕特南等英美养老基金。随着股票价格的上升，没有人拒绝出售。1 月 25 日，阿尔诺已经持有超过 30% 的古驰股份，他认为自己应该在古驰集团内拥有一定的权力，并开始表达这一意图。他的策略是先礼后兵。在古驰，人们强装淡定，但实际上紧张气氛已经呼之欲出了。

双方被迫寻找调解人。幸运的是，他们很快找到了一个。威廉·麦格恩（William McGurn）是克利瑞、戈特利布、斯坦恩和汉密尔顿（Cleary, Gottlieb, Steen & Hamilton）律师事务所的律师，曾为古驰和 LVMH 工作。这一次，受古驰之托，他将担任调解人，以确保形势不会恶化成公开的冲突。

LVMH 的董事长阿尔诺自信满满。他已经持有 30% 股份了，现在可以虚张声势，并提出苛刻的要求。高盛（Goldman）的银行顾问告诉他，只要持有 35% 的股份，就可以控制古驰。阿尔诺对此深信不疑。

至于德索莱，他会捍卫自己的独立性。早在两年前的 1997 年，他就制订了一些非常激进的原则：无论持有多少股份，任何古驰的股东都不得拥有超过 20% 的投票权。此外，如果投资者想控制古驰，就必须发起全面收购，并支付额外的控制权溢价。当普拉达突然将其所持约 10% 的古驰股份出售给 LVMH 时，德索莱明确而坚定地重申了这些原则。这些条件虽严苛，但也极为清晰：急切的投资者知道他们会受到抵制，而少数股东的利益将得到保护。

伯纳德·阿尔诺的意图并不十分明确。他是想控制古驰，还是仅仅计划持有大量股份，以便从古驰的惊人增长中获益？目前的官方说法倾向于后者，这似乎有些可信，但历史有时会被改写，以平息他人受伤的自尊心，这不仅仅存在于奥威尔的小说中。现在不过是 1 月底，没人顾得上去操心历史，各方的自尊心却已然高涨。

LVMH 股份占比刚达到 34.4%。

有一个人在密切关注着这个数字。他就是汤姆·福特。他的合同中有一条隐秘条款，规定：如果有股东持股超过 35%，他可以辞职并行使他的期权。他拥有 200 万股，行权价为 45 美元。当天古驰的股价为 85 美元。但阿尔诺骤然收手，汤姆·福特与 8000 万美元擦肩而过。

现在，阿尔诺觉得是时候索取权力了，至少也要得到古驰监察委员会的席位。巴黎、阿姆斯特丹、纽约和佛罗伦萨之间开始传言 LVMH 希望在董事会中获得 3 个席位。在托斯卡纳，气氛变得紧张。一位董事会成员告诉德索莱，阿尔诺曾对他说："我需要在古驰董事会上有自己的眼线。"

调解何时变成了侵犯？在此之前，德索莱觉得被 LVMH 以高价追求是有利的，但法国人的最后通牒让他感到被冒犯。合作可以，但他不愿像其他人一样对法国人俯首称臣。自从他凭借一己之力将自己的公司打造成市值数十亿美元的集团，赢得了业内的钦佩和嫉妒之后，这位意大利人就再也无法忍受被人当成仆人看待了。于是，他提出了一个自觉公允的提议：要么 LVMH 发起对古驰的全面收购，并在某些条件下保留"德索莱 - 福特"组合；要么 LVMH 承诺持股不超过古驰股份的三分之一，并签署合同以解决古驰和路易威登在皮具领域的利益冲突。与此同时，他拒绝了由阿尔诺提名的一位董事会成员。他不希望他的利润率信息被传到法国竞争对手那里。

LVMH 拒绝了这两项提议。伯纳德·阿尔诺既不想支付高价，也不想谈判。君主不会和未来的臣子谈判，他只会征服！

阿尔诺的咄咄逼人让德索莱极为不悦。不过，调解仍在继续。终于，在 1 月底，幕后推手们进行了一次会谈。阿尔诺对这次会面显然并不满意，他回忆道：

"我邀请他共进晚餐。他却把我带到摩根士丹利！"

第一次会谈是在投资银行位于巴黎巴尔扎克街的办公室里进行的，气氛并不融洽。双方自说自话，毫不相让，实质交流效果为零。阿尔诺用所谓的外交辞令向德索莱解释说，古驰的品牌潜力没有得到充分发挥，LVMH 可以通过一系列协同效应提高其盈利能力。

德索莱把这些解释视作侮辱，愤怒地拍着桌子：

"我不需要 LVMH ！"

接下来的故事有两个版本。一个版本是：为了缓和紧张的气氛，伯纳德·阿尔诺突然提出给德索莱加薪，将他视为一位能干的企业高管，这是美国方面的说法。另一个版本是：德索莱一直在追问如果他和汤姆·福特同意合作，阿尔诺会考虑给他们多少股票期权……

阿尔诺冷冷地回答："这由古驰管理层决定，没有董事会席位的股东决定不了这些事。"

这一事件中充满了谎言和操纵，以至于很难知道这两个版本中哪个假哪个真。有可能都是真的，也有可能都是假的。总之，调解中断，敌对又开始了。

全世界的媒体对这场"手袋之战"进行了详细报道，仿佛是在报道中东冲突一样。攻击、反击、调解人、间谍、叛徒、掠夺……一应俱全。阿尔诺和德索莱的照片满天飞，他俩都感到头晕目眩。电话不断，有人建议，有人咨询，有人鼓励。所有焦点都集中在他们身上。

就在此时（2月初），伯纳德·阿尔诺接到了另一位法国商业巨头的电话。电话是弗朗索瓦·皮诺打来的。二人交情不深，但两位法国资本家在巴黎时有来往。皮诺甚至邀请了阿尔诺参加女儿的婚礼，并礼貌地安排阿尔诺夫人艾莲娜坐在他身边。这两个人是想到一块儿去了吗？

在电话里，皮诺表现得非常亲切。他邀请阿尔诺参加他主办的罗斯科作品展，称赞他收购古驰的行动，并以轻松的语气问了几个关于古驰的问题。伯纳德·阿尔诺受宠若惊，虽然他身在意大利无法去看罗斯科展，但他对古驰大加赞赏。皮诺仔细听着，在向阿尔诺保证他将给予"友好的支持"之后，才挂断电话。

与此同时，LVMH 正在为胜利做准备。法律工作组的成员每天都与皮埃尔·戈德（Pierre Godé）开会，这位律师在过去 15 年里一直是伯纳德·阿尔诺的得力助手。与他并肩的还有詹姆斯·利伯（James Lieber），利伯刚从一家大型美国律师事务所跳槽，成为 LVMH 公司的企业事务总监，专门负责从美国法律的角度来审视这场纠纷。

自从威廉·麦格恩隐晦地告诉利伯古驰正在制订防御措施以来，利伯一直在绞尽脑汁，试图猜测他真正的意思。麦格恩是否在暗示"白衣骑士"的存在，即一名来拯救古驰的投资者？在利伯看来，白衣骑士是通过收购全部股份来拯救公司的投资者。这在美国是成立的，在欧洲，特别是在北欧，证券法没那么灵活，所以"白衣骑士"也不可能有那么大的能耐。

谨慎起见，皮埃尔·戈德最后一次要求代表 LVMH 的纽约戴维斯、波尔克、沃德威尔（Davis Polk & Wardwell）律师事务所确认所有防御措施："古驰是否可以利用其资本进行突袭？"这些顶尖的律师再次调查并确认：在华尔街上市的任何公司都不能向外部投资者发行超过 20% 的股份。

皮埃尔·戈德甚至要求他们用书信形式予以确认。

为了进一步打消疑虑，他又向金融顾问高盛集团咨询，高盛是世界上最强大的投资银行之一。高盛同样认为没有问题，这下戈德终于安心了。

然而，戈德错了。阿尔诺团队雇用了一大批律师和银行家，却似乎忽略了一个重要事实：那就是 20% 的限制仅适用于美国公司。像古驰这样在华尔街注册的外国公司并不受此限制。这一小小的例外将使伯纳德·阿尔诺团队的庞大计划出现纰漏。

德索莱的复仇

　　复仇是道凉菜，可以冷吃，但要快享。德索莱的复仇将是可怕的、不动声色的。用一句话来说，是佛罗伦萨式的。他要让阿尔诺付出高昂的代价，永远无法染指古驰的事务。

　　目标很简单：稀释阿尔诺在公司的股份。怎么做呢？相信天意？生意人可不信这一套。德索莱知道没人会主动帮他。幸运的是，他有一个雪中送炭的宝贵盟友：那就是荷兰证券法，它可能是工业化世界中最宽松的法律之一。在阿姆斯特丹，由于法律条文的范围比较模糊，法官通常根据经济公平原则作出判决，而不是死盯着法典不放。于是，事情或许有了转机。

　　在德索莱的高压下，他的律师团队想出了一个防御计划。即使不能阻止攻击，也能争取时间。这个计划名为员工持股计划。2月17日，古驰发行了2000万股，仅供员工购买。这是一种值得称赞的慷慨行为，但实际上，员工只获得了这些股票价值的0.5%！

余下的 99.5% 则作为库存股很快回到集团手中。这一手障眼法玩得真漂亮！

具体来说，古驰并没有直接发行股票，而是通过一个基金发行的，古驰向该基金提供了贷款。总之，集团资助了第三方购买自己的股份，这是完全非法的。但古驰仔细研究了《第二项欧洲公司法协调指令》(la deuxième directive européenne d' harmonisation du droit des sociétés) 第 23 条，发现其中规定了唯一的例外情况：员工持股计划！

一切看起来井然有序，除了一个问题：员工持股计划赋予古驰员工相当大的投票权，而他们的经济权力却微不足道。他们持有储备基金 38% 的股份，而实际支付的只是股份价值的 0.5%。这损害了股东的利益，可能会使阿姆斯特丹股市信誉扫地。法官们紧张起来。

由于操纵的痕迹过于明显，古驰的做法很快引起怀疑。因为其真正目的是稀释 LVMH 在古驰的持股比例。2 月 18 日，员工持股计划使 LVMH 的持股比例降至 25.6%。LVMH 一片哗然！它的美国律师认出员工持股计划是美国公司常用的防止恶意收购的"招数"，在美国法院系统中经常被否决。皮埃尔·戈德抗议，声称这些行为是"非法的"，并向阿姆斯特丹上诉法院公司法庭提起诉讼。十天后，法院冻结了根据员工持股计划发行的股票。即使在荷兰证券法看来，这个员工持股计划也是很可疑的。

德索莱的反击并不致命，但为他进一步理清思路赢得了时间。

员工持股计划行不通，那就需要另寻突破口，越快越好！诡计仍在上演，但伪装已被撕开。如果说古驰和 LVMH 之间重新谈判的希望是由威廉·麦格恩的调停勉强维持着，那么员工持股计划的闹剧无疑把这仅存的希望也毁灭了。现在，双方已经正式开战。

所有人都清楚，这场战争只有一个赢家。在充满敌意的资本突袭中，必须先发制人，伯纳德·阿尔诺对这一点心知肚明，否则他便有可能永远成为一名无权无势的少数派。LVMH 别无选择，只能仓促上阵。

局势越发紧张，火药味越来越浓。一家英国报纸称，纽约著名调查机构克罗尔的侦探们一直在跟踪汤姆·福特。伯纳德·阿尔诺的助理声称接到了一位神秘的意大利记者打来的恐吓电话。气氛完全像是在看侦探小说。

阿姆斯特丹法院否决了员工持股计划，并要求古驰和 LVMH 于 3 月 19 日恢复谈判。古驰表示同意，但多梅尼科·德索莱却另有打算。他正在准备第二轮防御战，这一次不容有失，不然董事和股东们可能会感到厌烦。

这一次，他的手段更加精妙。之前的员工持股计划有些暗箱操作的意味，这次则是高层次的外交行动。古驰派遣了大批美国律师和投行顾问，寻找能将它从 LVMH 的魔掌中拯救出来的"白衣骑士"。古驰无法长时间与奢侈品巨头单打独斗。这个"骑士"必须具备两个条件：财力雄厚，并且与皮革行业没有太多关联。

古驰挑中了摩根士丹利银行来协调这次搜索行动。没过多久，银行就找到了一位在奢侈品行业默默无闻的法国亿万富翁。他叫弗朗索瓦·皮诺。2月23日，银行的合伙人约瑟夫·佩雷拉（Joseph Perella）打电话给皮诺，立刻察觉到这位布列塔尼人被深深吸引住了。他没有猜错。仅仅几分钟的通话，皮诺内心便涌起了一阵难以抑制的悸动：他想得到古驰！从挂断电话的那一刻起，皮诺的状态便截然不同了。他变身成一只狩猎的猛兽。在接下来的整整一个月的时间里，皮诺脑子里只想着一件事：收购古驰，越快越好！

在1999年3月的前两周里，事态以疯狂的速度加速发展。3月初，为了打探情况，皮诺悄悄去了一趟纽约第五大道的古驰专卖店。3月6日，回到巴黎后，兴奋不已的他找到PPR集团的管理委员会主席塞尔日·温伯格（Serge Weinberg），提议由PPR集团来控制古驰。温伯格答应了，但要求保密。"如果这笔生意没谈成，"温伯格强调说，"也要确保不留一丝痕迹，没人知道我们参与过。"

3月8日，皮诺与德索莱在摩根士丹利的伦敦办公室进行了第一次会面。摩根士丹利欧洲并购部主管迈克尔·扎乌伊（Michael Zaoui）也在场。尽管德索莱极力掩饰自己的窘境，但弗朗索瓦·皮诺和阿耳忒弥斯（Artémis）公司总裁帕特里夏·芭比泽（Patricia Barbizet）知道，德索莱已经是背水一战了。出发前，他们仔细查阅了古驰的账目，并对德索莱进行了一番研究。这项业务看似稳健、赚钱，却很复杂。但迈克尔·扎乌伊对古驰的描述却极具吸引力：一个呈指数增长的品牌，有丰厚的利润和令人梦寐以求的现金流。

双方随后展开了热烈交谈，在场的人彼此打量，互相观察，但没有深入探讨细节。他们决定下周五在巴黎再次会面。

第二天，3 月 9 日，古驰若无其事地向 LVMH 发送了一份谅解备忘录，表示两家公司可能结盟。毫无戒心的 LVMH 立即答复，约定 3 月 19 日在荷兰会面。

3 月 12 日，星期五。弗朗索瓦·皮诺在他位于杜农街的私人酒店宴请了德索莱，陪同的还有古驰的艺术总监汤姆·福特。迈克尔·扎乌伊和塞尔日·温伯格也在。帕特里夏·芭比泽是宴会上唯一的女性。她显然已经见惯这种场面了。汤姆·福特风度优雅，对墙上的当代艺术名作欣赏良久，然后坐下来，开始谈判。

皮诺与德索莱相谈甚欢。德索莱表示，当晚他被皮诺那双湛蓝的眼睛和他对待同事的礼貌态度所吸引。皮诺完全没有阿尔诺那种贵族气的高傲和咄咄逼人。与皮诺在一起时，他并没有那种身为猎物的感觉。或许他忘了，狩猎的方法不止一种……

围坐在餐桌旁，皮诺津津有味地听着德索莱将古驰的市场营销、设计、公关、商品销售和广告策划娓娓道来，各个环节完美结合，仿佛在上演一出精彩的芭蕾舞剧。他们在五年内重振、改造和发展了这个意大利品牌，令弗朗索瓦·皮诺由衷钦佩。但当多梅尼科·德索莱用他那温和的声音说出收购价格时，皮诺几乎要窒息了。如果 PPR 集团想要获得古驰的 40% 股份，他就必须拿出

180 亿法郎（约为 30 亿美元）。

"太贵了！"温伯格抗议道。

"这是古驰。"德索莱语气谦和。

谈判开始。

用 30 亿美元换取 40% 的股份，这意味着古驰的股票价格为每股 75 美元，而当时的价格仅为 60 美元。皮诺开始讨价还价，他最初开价 62 美元，然后逐渐加价。但德索莱似乎很坚决。如果要稀释阿尔诺和他 35% 的股份，他就必须拿出至少 40% 的股份。由于德索莱坚持 75 美元的价格，因此最后的数字不能少于 30 亿美元。此外，由于皮诺没有发起全面收购，他在 2004 年前无法在古驰的监事会中获得控制权，这就是所谓的"静止期"。

弗朗索瓦·皮诺的策略很简单：以相对适中的价格支付，但购买"持续受益权"。

那么，是等待还是放手一搏？需要好好考虑。

温伯格始终保持警惕，他提出一个条件：必须在 3 月 19 日之前达成协议，因为古驰要在这一天与 LVMH 重新开始谈判。否则，交易就会泡汤，他警告说。皮诺不希望古驰利用他来抬高与 LVMH 的竞价，他不想被德索莱操纵。

皮诺已经在展望未来，内心渴望采取行动，他不想错过这样的机会。他在商界摸爬滚打多年，知道这样的机会并不常见，况且自己也不再年轻。所有符合他个人商业美学的要素都齐备了：战略直觉、巨额资金、潜在的巨大收益、复杂的金融结构和一定的风险。最终，他将打造出全球第三大奢侈品集团。

几个月来，皮诺一直在与赛诺菲（Sanofi）谈判收购伊夫·圣罗兰。只要他拿出 63 亿法郎，这笔交易就谈成了。他的理由很简单：古驰是进入奢侈品行业的好机会。古驰加上圣罗兰，好上加好。晚宴结束时，他向福特和德索莱透露，他打算收购圣罗兰，再转卖给古驰。皮诺还记得他们的反应："相信我，他们垂涎三尺！"

奢侈品行业的入场券价格不菲，但它开启了一个利润丰厚的王国。更重要的是，伯纳德·阿尔诺会气得要死，这件事他喜闻乐见。显然，塞尔日·温伯格不怎么热心，但这就是他的性格。作为 PPR 集团的负责人，温伯格算得上是一位出色的管理者，但却不是征服者。无论如何，他别无选择：皮诺私人控股的阿耳忒弥斯投资公司是 PPR 集团最大的股东，占股 55%。温伯格让步了。

于是，皮诺说："成交"。

卢森堡之夜

　　一得到弗朗索瓦·皮诺的同意，多梅尼科·德索莱就开始准备大规模增资（他承诺为 PPR 集团预留约 4000 万股的资金）。这在法国行不通，因为法律规定一旦持股超过三分之一，必须对全部股份发起收购。同样，这种操作在美国也行不通，因为基本规则禁止公司管理层发行超过 20% 的股份，以避免管理层将公司控制权出售给外部投资者。然而，古驰遵从的是荷兰法律，它能够利用荷兰法律在这方面的概念模糊性，通过发售预留股票达到增加资本的目的。

　　德索莱之前常常动情地宣扬古驰品牌的神圣独立性，现在这一立场已被抛诸脑后了？只有傻子才墨守成规。而且，从古驰的角度看，他与皮诺联盟和与伯纳德·阿尔诺联盟完全不同。首先，PPR 集团不是竞争对手：它不生产手袋。其次，在德索莱和福特看来，皮诺和温伯格的另一个可贵之处是，他们对奢侈品一无所知，因此不会对他俩指手画脚。最后，与两个月前的 LVMH 集团不同，PPR 集团不仅仅是随意收购股份。通过增资，PPR 集团向古驰提供了 180 亿法郎，用于未来的收购。简而言之，PPR 集团成了古驰多品牌战略的助推者。

有些人再次提出疑问，古驰真的需要 180 亿法郎吗？它有能力消化这笔钱吗？虽然古驰已经有了一笔可观的资金，可以独立进行收购，但流动资金总是多多益善的！别忘了，皮诺设计的多品牌战略对德索莱来说是次要的。对他来说，最重要的是阻止阿尔诺。正如西班牙内战中的口号：别想得逞！（¡No pasarán!）

3 月 17 日，也就是伦敦会面后第 9 天，古驰的监事会就批准了与 PPR 集团的联盟。现在，时间越来越紧了。阿姆斯特丹商会将在 19 日上午 11 点召开调解会议，必须在此之前全部敲定，否则他们的联合就会有藐视荷兰司法的嫌疑。如果 LVMH 集团起了疑心，突然决定发起收购，那么即使在荷兰也来不及制订防御机制了。当前的指令可以被简化为几个字：快，快，快！

剩下两天的时间，要将 30 亿美元转移到古驰的账户。这是一场在欧洲范围内展开的法律、金融和税务的竞赛，利用了欧盟各国之间法规差异所提供的便利。负责制订方案的是 PPR 集团的法律总监米歇尔·弗里奥库尔（Michel Friocourt），他在满是寿司盒子的办公室里运筹帷幄。压力相当大：不仅要快，而且任何小失误都可能导致这次交易的失败，任何微小的漏洞都会被对方的律师利用。

3 月 18 日，摩根士丹利开出一张价值 30 亿美元的信用证，由 PPR 集团担保。为了混淆视听，防止外界窥探，这笔交易由摩根银行的法兰克福分行负责。传统的集资操作是可行的，但很可能会引起轩然大波。这张信用证有效期仅为 5 天，立即交由 PPR 集团背书。随后，集团将这笔款项以出资的形式转给了一家名为马罗提（Marothi）的法国投资公司。这家公司已成立 10 年，拥有 PPR 集团大约 1% 的资本。如果没有它，此次交易在时间上根本不可能达成。

由于马罗提是一家非贸易公司，因此出资无需审计员核实，从而节省了时间。此时是 3 月 18 日晚上 8 点，马罗提变身成有限责任公司，成为一家资本公司。接下来是最关键的一步——跨境转移。马罗提的所有资产和负债被转移至一家位于卢森堡的公司——巴黎春天卢森堡公司，塞尔日·温伯格开玩笑称其为"巴黎春天奢侈品公司"（卢森堡的法文 Luxembourg 中的 Luxe 就有"奢侈品"的意思），简称"PPRL"。

这是一家成立仅一天的空壳公司。由于马罗提是一家提供全部资产和负债的有限股份公司，因此适用欧洲第 90 号指令，免征资本转移税。事实上，这一操作相当于合并。否则税费将达到交易额的 1%，即 3000 万美元。由于发生在卢森堡，PPRL 的突然增资只需一名普通公证人认证即可，而在法国则需要前往商业注册处登记，这将导致至少一周的延误。

3 月 19 日上午 8 点，公证人在文件上签字。至此，与古驰结盟的一切准备就绪。上午9点半，马罗提将其卢森堡子公司PPRL持有的股份注入阿姆斯特丹的古驰集团后，古驰增资30亿美元。上午11点，"巴黎春天奢侈品公司"就变成了古驰卢森堡公司。荷兰法律再次简化了手续，因为出资专员的证明可以在交易完成后提交。简而言之，上午晚些时候，就在本应与LVMH恢复"诚意"讨论时，古驰的资本增加了30亿美元，伯纳德·阿尔诺的股份从34.4%降至20.6%！这一次，古驰的做法在法律上无懈可击。

这笔钱立即被古驰投入瑞士卢加诺的一家银行控股公司。条件是事先谈好的：资本利得税只有4%，属于优惠税率。多梅尼科·德索莱的第二次突袭成功了。

先生们，看来雷都*
要进军奢侈品市场了

　　LVMH 集团董事长阿尔诺对 3 月前 2 周古驰与皮诺的火速谈判一无所知。古驰继续与他进行含糊其词的周旋，双方互通信件，探讨各种方案。古驰一边安抚他，一边与 PPR 集团达成交易。伯纳德·阿尔诺盘算着安排一位密友进入古驰的监事会，他信心满满地等待着在阿姆斯特丹的另一轮谈判。

　　他和皮埃尔·戈德坚持认为，这个不可一世的意大利人不敢把"比武"搞得太过火，他只想抬高价格。阿尔诺熟悉这一套，他早就准备好聊聊股价了。

　　1999 年 3 月 19 日，一盆冷水彻底浇灭了他的希望。这一天，LVMH 集团的整个管理团队聚集在巴黎附近的欧洲迪士尼乐园，参加由人力资源总监康塞塔·兰西奥（Concetta Lanciaux）发起的美式管理研讨会。在贵宾席上，伯纳德·阿尔诺正在进行开场致辞，这时他的保镖走过来，递上一张纸条，上面只有简短的几个字："安妮·梅奥（Anne Méaux），十万火急。"梅奥负责他的公关事务。只有极少数人知道他保镖的手机号码。阿尔诺结束讲话后立即回电。梅奥告诉他这一确切的消息：皮诺将与古驰合作。

"PPR 集团将在 10 点发布一则公告。我希望你能提前知晓此事。"

阿尔诺大为震惊。此刻他处境颇为尴尬，这种情形在巴黎资本主义的小圈子中十分典型：安妮·梅奥也负责皮诺的公关事务，所以她知道自己在说什么。尽管阿尔诺心知肚明，但难以置信的感觉更加强烈。他惊呼道：

"这不可能。戈德在阿姆斯特丹。"

皮埃尔·戈德担任 LVMH 董事长的特别顾问已有 15 年之久，这位精明而忠诚的法律专家确实在阿姆斯特丹忙着与古驰继续谈判。当他从古驰的法律顾问阿兰·塔特尔（Alan Tuttle）口中得知这一令人难以置信的消息时，他也惊呆了。

面对伯纳德·阿尔诺的疑虑，安妮·梅奥坚持说：

"我非常确定。百分之百确定！"

她之所以如此肯定，是因为 2 小时前，她在 PPR 集团总部参加了皮诺紧急召开的董事会会议。连年迈的安布鲁瓦兹·鲁（Ambroise Roux）都睡眼惺忪地赶来参加了这场会议。

阿尔诺脸色苍白。然而，他不得不返回会议室，LVMH 的员工已经注意到他的缺席时间过长。尽管处境艰难，阿尔诺还是努力调侃道："先生们，看来雷都要进军奢侈品市场了！"

与此同时，在伯纳德·阿尔诺的催促下，安妮·梅奥做出了决定。从现在起，她不可能继续同时为这两家彼此敌对的公司工作了。论经济效益，留在阿尔诺身边对她有利，但她与皮诺的合同规定，如果出现利益冲突，她只能选择皮诺。于是，她离开了LVMH。

阿尔诺对此反应激烈，他的一位同事在几分钟后打电话给安妮·梅奥：

"你不能这样做。你知道我们在古驰的全部投资情况。你不能这样……"

当PPR集团最终发布官方公告时，LVMH的董事长深受打击。2个月前，他手持枪杆发动攻势，如今却遭遇了职业生涯中最大的挫折。弗朗索瓦·皮诺的做法确实毫不留情，在LVMH和古驰重启谈判的关键时刻，他却宣布增资古驰，让PPR集团接手；并同时宣布由其家族控股的阿耳忒弥斯投资公司收购圣罗兰。弗朗索瓦·皮诺控制了古驰42%的股份，而LVMH的股份则被稀释到20%出头。在霍什大道上，这场双重政变造成了巨大的冲击。

阿尔诺，这位严肃的北方人，并不欣赏德索莱的南方幽默。企业商会也同样不喜欢。5月27日，当他们批准了PPR集团与古驰的联盟时，仍然对古驰在3月19日针对LVMH的行为以及其在增资过程中可能存在的不正当操作给予了"管理不善"的处罚。在此过程中，法庭犯了一个看似无关紧要的程序性错误，但是这个细节在未来将具有相当重要的意义：在批评古驰"管理不善"

之前，法庭没有进行应有的强制性调查。

此外，虽然面临指控，PPR 集团和古驰都为他们的成功合作欢欣鼓舞。弗朗索瓦·皮诺已经将自己视为全球奢侈品市场的老二。除了圣罗兰，阿耳忒弥斯投资公司还收购了赛诺菲的整个美妆部门，也就是控制圣罗兰的埃尔夫（Elf）子公司。除了圣罗兰香水外，该部门还包括香邂格蕾（Roger & Gallet）以及克里齐亚（Krizia）、芬迪（Fendi）、奥斯卡·德拉伦塔（Oscar de la Renta）和梵克雅宝（Van Cleef & Arpels）的香水特许证。现在，全世界都清楚皮诺的意图：他将在 PPR 集团的领导下创建一个可以与 LVMH 竞争的奢侈品集团。

现在，难题已被解决，阿耳忒弥斯投资公司只需将这些收购公司转售给古驰。弗朗索瓦·皮诺深信，这些都是走走过场。但他严重误判了情况。

伯纳德·阿尔诺则对皮诺满怀怨恨，这种怨恨建立在某种执念之上，而这种执念在接下来的几个月里会变得非常危险：皮诺作弊了，他将古驰收入囊中，却没有付出任何代价……

加利亚诺的时尚盛宴

2000 年 1 月，整个巴黎时尚圈一片哗然：该鼓掌还是该喝倒彩？无所适从的上流圈子既缺乏骨气，又无所适从，于是做了两手准备。无论是左派还是右派的"正统"媒体，都纷纷发表了模棱两可的评论：他真胆大妄为！在 8 点钟新闻里，主持人帕特里克·波瓦夫尔·达尔沃尔（PPDA）也唉声叹气地皱眉斥责。全球各地的大小报纸，惊呼声不绝于耳。到底发生了什么事呢？

不过是约翰·加利亚诺（John Galliano）刚为迪奥推出了一场时装秀罢了。公认的是，这是自 1947 年克里斯汀·迪奥（Christian Dior）推出享誉世界的"新风貌"时装系列以来，最为奢华和夸张的一次。加利亚诺自 1997 年起担任迪奥的首席设计师，他对迪奥的历史了如指掌，并梦想着重现往日的辉煌。

在那个冬日之前，没有人想过让流浪汉穿上华服，让精神病患者穿上丝制约束衣。每件服装的价格都高达数万法郎，衣物被精心撕裂，补丁由巴黎最好的裁缝仔细缝制。衣物上的香烟烧痕几可乱真，小酒瓶被当成项链佩戴，使这些富豪流浪汉的装束更加完美。此外，《先驱论坛报》（*Herald Tribune*）的时尚版面被印在丝绸连衣裙上，塔夫绸上贴满了黛安·阿勃丝（Diane Arbus）拍摄的流浪汉照片。

这一切不禁让人想起贝纳通（Benetton）和他利用得克萨斯州的死囚来宣传套头衫的疯狂举动。"政治正确"的机器从未像现在这样亢奋过。加利亚诺还添油加醋地说他"热爱颓废"，并坦言他的灵感源自在巴黎桥下沿着塞纳河畔慢跑时的思考。

不出所料，"耻辱秀"震惊了全世界。流浪汉们在蒙田大道上抗议示威。最具象征意义的照片铺天盖地出现在报纸、杂志和电视频道中。短短几天，迪奥和加利亚诺的名字就走进了亿万家庭。尽管迪奥产品的真实消费人群规模有限，但品牌能够承受这点"流量损耗"……毕竟，除了时装秀本身的几百万成本外，迪奥没有在广告费上花一分钱，就吸引了全世界的关注。在这个极度刺激的时代，加利亚诺以他的冲击力和想象力击败了所有竞争对手。若想通过传统广告达到同样效果，迪奥至少要花 1 亿法郎。

约翰·加利亚诺应该感到满意了。伯纳德·阿尔诺的指示很明确：不惜一切让人们谈论迪奥，唤醒"睡美人"，必要时可以动用军号！当然，这并不是以白纸黑字的形式写在雇佣合同里的，但与在全球奢侈品界最具影响力的 LVMH 老板简短交谈后，这位英国人对此深信不疑。

　　加利亚诺加盟迪奥 3 年后，伯纳德·阿尔诺对他的表现十分满意，但阿尔诺还希望他能做得更好，因为奢侈品界危机四伏。现在的危险来自意大利。几个月前，古驰接管了伊夫·圣罗兰，承诺要重振这个品牌应有的荣光。无论喜不喜欢，古驰正在迅速崛起，甚至超出了 LVMH 的掌控。对于迪奥而言，圣罗兰的焕然一新是一个直接的威胁。因此，加利亚诺受命组织这场"炮击"。奢侈品战争在很大程度上是形象战争，预防性打击是一种备受推崇的策略，它可以最大限度地利用公众视线中的"视觉残留效应"。

　　专家们对此拍手叫好。我们不得不承认，这个英国"魔头"又一次成功了。对了，加利亚诺是谁？

　　"很久很久以前，有一位来自异乡的天才丑角，他为几乎消失殆尽的法国时尚注入了疯狂与活力……"或许在一个世纪之后，一本关于约翰·加利亚诺的儿童故事书将这样开头，讲述这位迪奥设计师的奇幻经历。人们很难预测他赴约时的装扮：也许会戴一顶拉斯塔假发，也许会戴一顶海盗帽，也许会穿他那条著名的粉红机车裤，也许会去掉脚趾上的指甲油，也许会穿着马靴或阿迪达斯运动鞋……加利亚诺每次出场，都将上演一场时装秀。他总能出人意料。有人曾看到他穿着白色紧身裤和迷你短裤，脚踩笨重的靴子，腰间挂着一只毛绒熊。他身边总是围绕着世界上最美的模特，但他的梦想是为英国女王设计服装。

　　1960 年，约翰·加利亚诺出生于直布罗陀，父亲是英国人，母亲是西班牙人。他的作品中融合了摇滚乐和弗拉门戈舞的元素，这些是他的姐姐们在家里的厨房餐桌边教会他的。但在 20 世纪 80 年代初，没人能预见到，这种结合了性感、浪漫与毁灭的惊人风格，会在 20 年后成为他的标志性风格。

加利亚诺深知如何制造话题。他通过在伦敦的艰难岁月学会了这一点，那时，每一个周末他都可能濒临破产。1984 年，这位管道工的儿子以优异成绩从圣马丁艺术学院毕业。这所学院以选拔严格和教导颠覆性艺术而闻名。圣马丁培养的是创造者，而非墨守成规的公务员。在最后一学年，受法国大革命后期时尚的启发，迷恋历史的加利亚诺设计了"不可思议者"系列。他的艺术性撕裂风格初露端倪，这一尝试一炮而红，伦敦时装界的老牌设计师们都感受到了威胁的气息。而他的"阿富汗拒绝西方观念"系列更是彻底让他们感到不安。

伦敦最时尚的精品店之一——布朗斯（Browns）的老板购买了加利亚诺的设计，并将其陈列在橱窗中。顾客们为之惊叹不已，却不敢贸然购买。1987 年，丹麦富商彼得·伯特尔森（Peder Bertelsen）成为加利亚诺的资助人，他的事业因而稍有起色。同年，他获得了年度最佳英国设计师奖，美国著名百货公司萨克斯第五大道（Saks Fifth Avenue）开始关注他。

1990 年，以加利亚诺命名的第一家商店在巴黎开店。他的艺术影响力以及他从历史中汲取灵感的创作方式被整个行业竞相效仿。然而，经济回报并不理想。狂野的设计风格和高昂的价格造成了销售上的困境。虽然麦当娜（Madonna）等明星是他的狂热粉丝，但这并不能形成广泛的客户群。最终，缺乏耐心和远见的丹麦资助人也放弃了，他没能在这些疯狂创意之下发现加利亚诺绝对严谨的剪裁和精妙的工艺。约翰·加利亚诺并不是时尚界的幻想狂，而是一名精工细作的匠人，他能够以同样的学识幽默再现"巴伦西亚加式的垂坠感"，就如同汉学家虚构15世纪的满族谚语那般自得其乐。他最终坚持了下来。

1993年10月，加利亚诺的困境中出现了转机。加利亚诺这一季设计的前卫时装为此时平淡无奇的时装界增添了一抹鲜亮的色彩。埃林·萨尔茨曼（Ellin Saltzman）是美国最大奢侈品零售商波道夫（Bergdorf）的副总裁兼时尚总监，他看中了加利亚诺，并决定把加利亚诺介绍给美国人。这是加利亚诺的绝佳机会，因为他需要资金来投入生产。纽约投资银行培恩韦伯公司（Paine Webber Inc.）的董事长约翰·A. 博尔特（John A. Bult）决定资助他。

如同所有的神话故事一样，加利亚诺也有一位守护天使，那就是美国版 *Vogue* 的主编安娜·温图尔（Anna Wintour）。她是全球时尚界最有权势的女性，企业家们都得在她面前俯首称臣，她的支持是加利亚诺的最大助力。

在培恩韦伯公司的资金和安娜·温图尔的帮助下，加利亚诺的个人品牌在1994年春天诞生了。他搬进了巴士底歌剧院附近的新工作室，很快便推出了17款新设计，为20世纪90年代初以来流行的松垮造型敲响"丧钟"。他的服装贴身、高度风格化、甚至有些繁复，让人联想到20世纪50年代的窄裙和修身夹克。在他的带领下，女性重新找回了身材和梦想。

加利亚诺迅速成名，媒体争相报道。他在社交场合中经常穿着醒目的服装，如橙色格子睡衣搭配粉红色小熊 T 恤，或是穿着 18 世纪的条纹马甲和丝质睡裤，裤脚刚好盖在豹纹拖鞋上，同时戴上由詹弗兰科·费雷（Gianfranco Ferré）设计的巨大的金框眼镜，遮住派对狂欢后的疲惫双眼。他是变装俱乐部的常客，传闻他吸食可卡因，并通宵举办派对，闹到不止一次被房东扫地出门。他变得越发自信，偶尔还自比香奈儿。加利亚诺一直梦想拥有真正属于自己的设计室，并思考如何筹措资金。

1996 年是时尚界意义非凡的一年，于贝尔·德·纪梵希（Hubert de Givenchy）离开了 LVMH 集团，他的离职引发了整个行业的震动。自 1988 年 LVMH 收购纪梵希以来，他与伯纳德·阿尔诺的关系一直不融洽，毫无疑问，LVMH 正在物色下一位接班人。此时，最炙手可热的设计师是约翰·加利亚诺，阿尔诺只想要最顶尖的人才，至少绝不能让竞争对手得到。于是，他将这份荣耀赋予了这位"怪咖"设计师。

整个巴黎时尚界都震惊了。一位怪诞、外向、拥有英国工人阶级出身的设计师，怎么能接替那位低调优雅的法国贵族呢？纪梵希先生坚持严谨的经典风格，设计出的服装剪裁精妙且实用。加利亚诺则将奢华和戏剧性推向极致，他的设计简直就是日常无法穿着的舞台服装。加利亚诺喜欢熬夜，他随心所欲，想干就干，想停则停；而纪梵希的员工严格遵守工会规定。总之，这是一场革命。

　　一年后，加利亚诺转投迪奥，成为迪奥的首席设计师。他的名气更大了。阿尔诺很满意，这是一次对时装界陈旧贵族风格的冲击，既让他看到了商业利益，又满足了他的暴虐本性。这是他的蜕变。成为全球亿万富翁的阿尔诺，在自己身上看到了罗伯斯庇尔（Robespierre）的影子。

高昂的代价

在巴黎新桥的人行道上，一位身材不高的男人正焦躁地来回踱步。很明显，他不喜欢等待，否则他早就留在标致605里一边吹空调，一边盯着街上的橱窗发呆了。实际上，他约的人并没有迟到，但皮埃尔·贝尔热（Pierre Bergé）按捺不住自己的急脾气，他不是一个有耐心的人。当伊夫·圣罗兰的奔驰终于出现时，贝尔热快步走过去，坐到朋友旁边，车子随即驶离，标致车紧随其后。

这是 2000 年的秋天，这对密友兼合作伙伴正赶赴摄影师让-吕普·谢夫（Jean-Loup Sieff）的葬礼。圣罗兰和贝尔热是法国高级时装界最成功的组合：一位是历史上最著名的晚礼服设计师；另一位是复杂多变的企业家、摇摆不定的政客。30 年来，贝尔热一直担任圣罗兰时装公司的董事长兼总裁，直到 1999 年 11 月公司被阿耳忒弥斯和古驰收购，他被降职为圣罗兰高级定制公司的名誉董事长。阿耳忒弥斯的董事长弗朗索瓦·皮诺和古驰董事长多梅尼科·德索莱早料到皮埃尔·贝尔热会大发雷霆。事实果然如此!

在 1999 年收购圣罗兰时,古驰的高层毫不掩饰他们的想法。在他们眼中,圣罗兰是真正的天才,而贝尔热是一位过时的老板,以陈旧的管理方式统治着一群对工业战略毫无概念的小跟班。贝尔热对此心知肚明,一直在等待机会予以反击。

1999 年 9 月 15 日,机会出现了。当时,PPR 集团(持有古驰42% 股份)的管理委员会主席塞尔日·温伯格突然宣布古驰将在10 月 8 日的董事会上接管圣罗兰。然而,10 月 11 日,当古驰不得不承认还有一些"悬而未决的问题"时,分析师们感到非常惊讶。这是一种委婉的外交辞令,暗示古驰和圣罗兰之间存在严重分歧。这是两家"性格迥异"的公司,自 6 个月前让伯纳德·阿尔诺受辱的那一刻起,弗朗索瓦·皮诺和多梅尼科·德索莱都未能让皮埃尔·贝尔热屈服。这位圣罗兰的联合创始人坚持不向古驰屈服。

"我和他们没什么好谈的。古驰是古驰;我是我。我只和皮诺谈!"

对于一个刚刚失去公司控制权的企业家来说,皮埃尔·贝尔热显得异常自信。事实上,在将公司出售给阿耳忒弥斯之前,他已经从弗朗索瓦·皮诺那里争取到了一些重要权益,其中一条就是让他继续掌管圣罗兰。在古驰看来,这显然是无法接受的。古驰对圣罗兰的兴趣仅限于在不支付过高价格的情况下,对其进行与复兴佛罗伦萨品牌相同的"休克疗法"。皮诺收购赛诺菲美妆集团的价格相当于其运营利润的 14 倍,1998 年营业额的 1.6 倍,有些人在私底下说价格太高。事实上，在收购过程中，古驰还获得了一些折扣。

由于弗朗索瓦·皮诺已将向皮埃尔·贝尔热承诺的数亿法郎写入合同，塞尔日·温伯格、弗朗索瓦·皮诺和多梅尼科·德索莱之间的紧张关系不断升级。温伯格和皮诺都清楚地知道，伯纳德·阿尔诺在古驰公司中持有 20% 的股份，只要对手的计划稍有漏洞，他就会钻空子。德索莱则暗自庆幸：从他的角度来看，皮诺和阿尔诺之间的紧张关系是刺激古驰股价上涨的催化剂。

所有人都能预见到皮埃尔·贝尔热的合作要价会非常高。毕竟，这是有先例可循的。1993 年，圣罗兰被赛诺菲收购时，皮埃尔·贝尔热和伊夫·圣罗兰被迫放弃了他们的股份公司。从根本上说，它将资本转让与权利转让分离开来。作为回报，两位合伙人各自获得了 3.4 亿法郎。6 年后，皮埃尔·贝尔热再次以类似的理由声称对"圣罗兰理念"拥有不可剥夺的权利。如果这是最后一次，那么这些冷酷无情的奢侈品寡头们面对贝尔热的荣誉捍卫，也不得不低头认输。这场法律和金融战打得太漂亮了！

在奢侈品行业中，将品牌定位为独立公司并对其进行特定的处理是很常见的。这正是贝尔热和圣罗兰的秘密武器。作为放弃关于圣罗兰品牌的所有权益，以及在圣罗兰香水和圣罗兰时装公司（包括成衣和配饰）中所有运营管理权的交换条件，弗朗索瓦·皮诺和多梅尼科·德索莱向他们支付了 7000 万美元，约合 4.45 亿法郎。

当弗朗索瓦·皮诺从赛诺菲手中收购圣罗兰时，并没有想到将成衣和高级定制分开。后来古驰提出了这一要求，并付出了相应的代价。而这才只是个开头而已。圣罗兰高级定制公司成立了，继续由两位创始人掌管，直接归属于皮诺的家族控股公司阿耳忒弥斯。这一奢侈且昂贵的收购案涉及约 150 名员工，年营业额约 3700 万法郎，但亏损至少是营业额的 2 倍。简单来说，只要圣罗兰先生愿意创作，阿耳忒弥斯和古驰每年将承担 8000 万法郎的亏损。此外，作为对创始人转让的"知识产权及其他权利"的补偿，古驰还向新公司注资 2.4 亿法郎。不过，这笔钱将由多梅尼科·德索莱、汤姆·福特和弗朗索瓦·皮诺 3 人共同监管，他们都在圣罗兰高级定制的董事会中任职。而贝尔热将担任圣罗兰时装和香水公司的监事会成员。

此外，柏尔丽咨询（Berlys Conseil；"lys"由 YSL 变换字母顺序得来）公司归贝尔热和伊夫·圣罗兰所有，负责为古驰提供"技术援助"，帮助古驰推广伊夫·圣罗兰的形象和品牌。古驰在推出任何新产品之前，都必须征求他们的意见，而且在合同中他们对印有该品牌名称的物品拥有否决权。这是一项明智的预防措施，因为古驰会在自己的专卖店中销售包装上带有双 G 标志的牙刷、避孕套和卫生棉条。作为顾问，贝尔热和圣罗兰将按这些品牌的销售额的 0.4% 收取报酬。在得知这项新规定时，德索莱气得直跺脚，但他还是想办法给这些额外酬劳设了上限，即 6400 万美元。

这份合同最令人吃惊的地方在于，伊夫·圣罗兰和皮埃尔·贝尔热的顾问任期延至 2006 年，此后 5 年内还享有优先续约权。换句话说，他们的任期有可能持续到 2016 年，届时这两位合伙人将分别年满 80 岁和 86 岁！合同中还有一个亮点，那就是一个基金会将接替原先的"圣罗兰作品推广协会"。它将负责保存这位 20 世纪最伟大设计师的作品、模型和素描本。

对弗朗索瓦·皮诺来说，这是个沉重的负担。古驰也将面临巨额开销，除了为收购赛诺菲美妆集团而向阿耳忒弥斯投资公司支付的 61 亿法郎，他们还必须为这份协议支付 11 亿法郎。但至少有一点能让他们感到欣慰：皮埃尔·贝尔热终于被压制了……他真的被压制了吗？这可大错特错！

福特的全面清洗

　　"终于独揽大权了！"当支付给伊夫·圣罗兰和皮埃尔·贝尔热巨额赔偿金一事尘埃落定后，汤姆·福特得意地喃喃自语。他身着黑色西装和 Polo 衫，胡子两天没刮，短发却依旧齐整，这位全球收入最高的设计师终于可以接管乔治五世大道（Avenue George-Ⅴ）了。圣罗兰的大清洗开始了。整顿必须尽快完成，毕竟古驰是一家上市集团，股东们有点担心收购圣罗兰会影响他们的分红，他们密切关注着收购的进展。

　　作为热身行动，汤姆·福特首先裁掉了整个成衣设计团队。阿尔伯·艾尔巴兹（Alber Elbaz）不得不打包走人。说实话，他在古驰的日子并不好过。他缺乏足够突出的艺术个性，被圣罗兰打压得冒不了头。2000 年 2 月，艾尔巴兹主持了他的最后一场女装成衣秀，随后便离开了。虽然是黯然离场，但他赚得盆满钵满：他收到了约 1000 万法郎的赔偿金。不久后，设计师海迪·斯利曼

(Hedi Slimane) 也提交了辞呈，福特没有挽留。这是一大失误：尽管斯利曼非常年轻，销售业绩也不突出，但他已经成名，斯利曼的离开是公司的一大损失。更重要的是，放走他等于是将他送到了 LVMH 的怀抱。未来会证明这一点。

德索莱非常欣赏福特，显然赋予了他过多的权力，而福特也丝毫没有客气。他想独揽创意大权，这种执念使他忽略了两大品牌之间的本质区别。他缺乏欧洲的文化素养，这种文化既讲究精致又带有非理性色彩。他没明白其中的细微差别：古驰有自己的风格，圣罗兰有自己的灵魂，两者不能采用同样的管理方式。竭力使集团品牌之间"协调一致"，会带来自相残杀和混淆的双重风险。这种对集中化的偏执最终会让弗朗索瓦·皮诺质疑汤姆·福特组建真正的多品牌集团的能力。若收购品牌后只是进行标准化统一管理，那么高价收购这些品牌又有什么意义呢？

与此同时，古驰的人已经进入了巴黎！马克·李（Mark Lee），这位古驰在美国的前营销主管，将接任圣罗兰总裁一职。他外形酷似汤姆·福特，还与汤姆·福特关系密切。一位猎头回忆道：

"我很快意识到，不必向他们推荐外貌不佳的候选人。他们需要的是既高效又……长得好看的人。"

打那之后，他们还是不得不雇佣了几个相貌平平的人。汤姆·福特对古驰的风格有着非常具体的想法，甚至连最微小的细节也不放过。例如，他不喜欢女性穿平底鞋，所以他的女员工们总是在抽屉里备上一双高跟鞋，以防这位大人物突然出现。

在首批聘用的设计师中，有柯莱特（Colette）的创意总监兼采购主管米兰·武克米罗维奇（Milan Vukmirovic），还有《荷兰人》（*Dutch*）杂志的平面设计专家马蒂亚斯·弗里恩斯（Mathias Vriens）。有了他们，汤姆·福特就拥有了业内最完备的资料库。但他们待的时间都不长……

福特毫不犹豫地把他在古驰采用的那一套方案搬到圣罗兰。他就是美国人常说的那种十足的控制狂。他希望看到一切，了解一切，决定一切。生产流程必须"一体化"，分销必须进行"内部管理"，非战略许可必须取消。这就是他的操作程序。

首先，他收购了曼德斯（Mendès）的全部股份，曼德斯是历史最悠久的特许经营商之一。至于曼德斯在欧洲经营的 11 家圣罗兰专卖店，将由公司直接管理。这样，公司重新控制了它的销售渠道。

汤姆·福特希望增强商业实力。到 2003 年，圣罗兰专卖店的数量将从 25 家增加到 50 家。将圣罗兰纳入古驰商业模式的下一步，是实施一项裁员计划。古驰计划关闭圣罗兰在法国的三家工厂中的两家，这将导致约 300 个工作岗位的流失。马克·李并没有回避这个问题：他积极参与整改，并多次在工厂发表演讲。为了激发员工的积极性，他们给那些配合或至少没有反对裁员的人提供了晋升机会。

新秩序正逐步建立。在历经多年来充满欢愉氛围的"自由市集"模式之后，美国式的账务"铁幕"笼罩了整个公司。所有人都在进行预算编制和预测分析，逐一按产品类别细分。

设计部门裁员结束后，汤姆·福特又把注意力转向了公共关系部门。圣罗兰国际香水的公关总监阿里尔·德·拉文尔（Ariel de Ravenel）遭解雇。在媒体方面，过去那种愉快的闲聊方式被形象制造机器所取代：打造产品和老板的形象。这哪是汤姆，简直就是专制的墨索里尼！媒体部门被笼罩在恐惧氛围之中。只有两种声音：汤姆·福特的声音和多梅尼科·德索莱进行战略性决策的声音。

圣罗兰品牌失去了自己的声音。

伯纳德·阿尔诺，
来自北方的老板

关于伯纳德·阿尔诺，已经无需多言了。他那雄心勃勃、永不满足的奢侈品帝王的形象早已深入人心，就算在当代历史教科书中找到他的传记也不足为奇。毕竟，商业大亨不就是这个世界的新统治者吗？

小学生们在朗读课文时会学到，1971 年，一位刚从综合理工学院毕业的年轻人，无奈地加入了父亲在法国北部的小型建筑公司——弗瑞特 - 萨维奈尔（Ferret-Savinel）。他先是将这家中小企业改造成房地产开发公司，将其更名为弗瑞奈尔（Férinel），并在度假村项目上取得了一些成功。刚过而立之年，伯纳德·阿尔诺的人生就遭遇了一场悲剧：社会党人上台了。在了解到密特朗（Mitterrand）反对资本主义的政治态度之后，年轻的阿尔诺决定离开法国，将他的财富转移到美国。在那里，他创立了弗瑞奈尔公司，打算在佛罗里达开发度假村项目。他还尝试在哈钦森岛开发度假酒店的项目，但都没有成功。他很快意识到，相对于如此广阔的市场，他的家族企业规模实在小得离谱。阿尔诺明白，自己需要一块真正的跳板。但到哪里寻找这块跳板呢？在里根统治下的超自由主义美国，这太难了。幸运的是，他在法国的朋友们信誓旦旦地表示，社会党现在已经很好打交道了。

后来发生了布萨克（Boussac）收购案，纽约的法国人一直跟他念叨此事，他便也对布萨克产生了兴趣。布萨克纺织帝国自被威洛特（Willot）兄弟收购后，曾改名为阿加齐-威洛特（Agache-Willot），在两次申请破产后，它正在急切地寻找买家。以洛朗·法比尤斯（Laurent Fabius）总理为首的法国政府热切希望摆脱这个"包袱"。

那么，布萨克究竟是什么呢？布萨克旗下品牌杂乱，如同一片丛林。里面有皮欧杜斯（Peaudouce）婴儿纸尿裤、乐蓬马歇（Le Bon Marché）百货公司和康福浪漫（Conforama）家具商场。最重要的是，里面还有迪奥。旅居国外的伯纳德·阿尔诺就此第一次接触到奢侈品。他对迪奥一见钟情。

1984年，这位自我放逐的异乡人回到了法国。他深入研究布萨克的文件，对每一个细节都了如指掌，甚至比文件的作者还熟悉。这位理工男隐约感觉到，他的生活即将发生改变。他已经找到了那块跳板。

当然，对布萨克感兴趣的不止他一个。他的竞争对手是商业巨头皮埃尔·贝尔热、实业家伯纳德·塔皮（Bernard Tapie），甚至还有纺织大亨，如普鲁沃斯特（Prouvost）和比德曼（Biderman）。其中最具威胁的对手之一是阿兰·谢瓦利埃（Alain Chevalier），这位奢侈品大亨通过他的酩悦 - 轩尼诗（Moët-Hennessy）集团，已经拥有了克里斯汀·迪奥的香水业务。然而，这些巴黎上流社会的显要人物却要被一个衣着简陋、偏左翼、毫无背景的外省人抢了风头。相比他们的心血来潮和狂妄自大，阿尔诺可是做足了功课，仔细研究了所有文件，对情况了如指掌。虽然阿尔诺对纺织业还不够了解，但法国政府为了能够尽快解决问题，还是决定把生意交给他。

不过，政府向阿尔诺提出了两个条件：首先，阿尔诺必须筹到四亿法郎。显然，他自己是拿不出这笔钱的。这时，一个对阿尔诺以及其他许多未来的商界领袖的职业生涯起着重要作用的人出现了：他是拉扎德（Lazard）银行的传奇管理合伙人安托万·伯恩海姆（Antoine Bernheim）。伯恩海姆看上了这个项目。多亏了他，阿尔诺才能顺利实现融资。伯恩海姆说服了巴黎市场上的许多重量级人物参与进来。这就是所谓的圆桌会议。拉扎德银行、沃尔姆斯（Worms）银行、埃尔夫·阿奎坦（Elf Aquitaine）和道达尔（Total）都参与了进来。这位年轻人只需拿出 9000 万美元就行了，但这也意味着他要拿出全部身家。阿尔诺没有丝毫迟疑，他买下了布萨克。规模效应立即显现。短短几天时间，弗瑞奈尔的价值从不到 10 亿法郎暴涨 8 倍，飙升至 80 亿法郎。在社会党政府和拉扎德银行的帮助下，它已成为法国工业界的重量级企业。

到目前为止，阿尔诺一直是坚定的自由主义者，但是，他也发现，如果善加利用，法国的国家主义是一项了不起的"发明"，而且只有左翼政府才能够公开指责工会。这两点，他都牢牢记下了。

法国政府提出的第二个条件是，阿尔诺要承诺不会解散公司，保留生产设施和员工。阿尔诺答应了，但他并没有信守承诺。他有条不紊地做着与承诺相反的事情，以便尽快将迪奥从周围一帮不成气候的小公司中解救出来。

与此同时，这个来自北方的男人实现了对布萨克集团残余势力的掌控。他很快就受够了与原来的合作伙伴平起平坐的日子。阿尔诺悄悄地收购了威洛特兄弟的股份，成为了第一大股东，持股比例是其他股东的3倍。他利用法国信贷银行提供的4亿贷款，在沃尔姆斯银行和拉扎德银行的眼皮底下耍了个小伎俩。显然，阿尔诺越来越懂得利用国家资源了。

由于他屡屡施展绝技，他本应成为巴黎版的西部片英雄，不过在那个时期，资本主义仍被视为一种罪恶。巴黎的精英们觉得这位布萨克的新老板不可理喻，孤僻且不合群。实际上，他野心勃勃，性格既傲慢又羞涩，这在当时并不多见！他没有幽默感，不善言辞，简直无聊透了。年轻高官们嘲笑这位孤独的工作狂，他则趁机建立起了强大的"老派"人脉网络。

他在谋划下一步：那就是要在迪奥基础上建立一个拥有两三个世界顶级品牌的奢侈品集团。1987年，他收购了经营不景气的皮鞋和皮具品牌思琳。之后，他决定资助一家高级定制时装公司，并把这个机会给了克里斯汀·拉克鲁瓦，这位才华横溢的设计师当时正在帕图（Patou）苦苦挣扎。对拉克鲁瓦轻率的挖角行为让阿尔诺付出了昂贵的代价，法院判决他向帕图支付约 1500 万法郎的赔偿金。

1987 年 6 月，法国奢侈品行业发生了一件大事。路易威登的董事长亨利·拉卡米耶（Henri Racamier）与酩悦 - 轩尼诗的老板阿兰·谢瓦利埃强强联手，成立了 LVMH。许多分析师认为这个巨头命运堪忧，难以持久。伯纳德·阿尔诺密切关注着这一合并。凭借其敏锐的洞察力，他很快就意识到自己可以从谢瓦利埃和拉卡米耶之间日益紧张的关系中获利。这两个人表面结盟，实际上一有机会就相互拆台，伯纳德·阿尔诺不断怂恿他们这种自杀式的幼稚行为。这个庞然大物中包含了迪奥香水，阿尔诺梦想着把迪奥香水带回迪奥高级定制，实现皮埃尔·贝尔热一年前在圣罗兰实现的"家族"团聚。

阿尔诺深吸一口气，决定出击。他向 LVMH 开出了条件，但新上任的 LVMH 董事长阿兰·谢瓦利埃毫不留情地拒绝了这个曾经抢走布萨克的年轻冒失鬼。谢瓦利埃头脑灵活、才华横溢、富有教养，但他缺乏决心，而这是生意人的关键品质。阿尔诺则恰好有着无穷的决心，没日没夜地惦记着看上的"猎物"。他不可能放弃迪奥香水，绝对不可能。

正面进攻？这并不明智。于是，阿尔诺选择了一条迂回路线，与拥有酩悦 - 轩尼诗分销协议的英国啤酒商吉尼斯（Guinness）达成协议，共同成立一家金融公司，阿尔诺占 60%，英国人占 40%。实际上，这家公司并不是一个工业实体，只是一个空壳。

时机已经成熟：1987 年 10 月的股市崩盘恰好使 LVMH 的股票大幅下跌。在 6 个月内，阿尔诺的新公司以低价收购了 LVMH 43% 的股权，从而几乎完全控制了 LVMH，而当时没有任何规则保护少数股东免受恶意收购者的侵害。在 20 世纪 80 年代末的法国，小股东们人微言轻，阿尔诺也还不是 12 年后在古驰事件中那个热情捍卫小股东权益的人。

一旦控制权到手，阿尔诺便只需摆脱拉卡米耶和谢瓦利埃。这并不难，因为这两人被彼此的敌意蒙蔽了双眼，无法联合对抗这位新来者。

于是，不满 40 岁的伯纳德·阿尔诺成了 LVMH 集团的董事长。他的财富翻了 20 倍，同时也树敌无数，他的敌人中有嫉妒他的人，有被他打败的人，还有把他当成机会主义者的人。国民议会甚至通过了一项法律，被称为"阿尔诺法"：从此以后，当一名收购者一次公开收购超过一家公司 33% 的股权时，他就必须将持股比例提高到 66% 才能掌控该公司，几年后，这一门槛将提高到 100%。

围绕 LVMH 集团控制权的法律斗争将持续很长时间，但在 1990 年 4 月，阿尔诺正式取得了胜利。他成了奢侈品界的王者。在接下来的 10 年里，他将扩大集团的版图，成为拥有 40 个品牌的掌舵人。

俄罗斯套娃

　　到 2001 年，11 个年头已经过去了。通过不断将各种奢侈品牌纳入集团，伯纳德·阿尔诺赢得了一场豪赌。集团旗下的品牌疯狂增长：10 个、20 个、30 个、40 个。2000 年初，集团市值达到 330 亿美元，而 4 年前仅为 120 亿美元。从 20 世纪 90 年代中期开始，竞争者们的实力也逐渐壮大，但集团的主导地位仍然非常稳固。1999 年，LVMH 集团销售总额达 85 亿美元，几乎是世界排名第二的历峰（Richemont）集团的 3 倍，古驰的 6 倍，古驰一直是它多品牌战略的最大竞争对手。令人惊奇的是，这个由视权如命的阿尔诺掌舵的集团，如今所取得的规模和成功，正是他实行分权经营策略的成果。在他的管理下，每个设计师都可以随心所欲地创作，每个品牌都是独立的单位。这可能是唯一能够在同一集团内保留如此多不同的高端品牌，同时不让它们在共同理念中"消散"的方式。因此，理论上，LVMH 集团可以不断吸纳更多的品牌。然而，实际上，品牌数量如此之多，也存在混乱的风险。在集团 40 个品牌中，有 35 个品牌会直接向阿尔诺本人汇报。

1998 年，为了应对潜在危机，伯纳德·阿尔诺决定聘请一位总裁来加强中央管理。美国人迈伦·乌尔曼（Myron Ullman），曾任梅西百货和免税购物公司（DFS）董事长，如今是集团的二把手，他负责组织管理这个庞大的帝国。40 个实体被分为 5 个部门：葡萄酒与烈酒部（利润丰厚却行事低调）、时装与皮具部、香水与化妆品部、腕表与珠宝部，以及精选零售部。

尽管进行了整顿，但 LVMH 集团的管理风格与古驰截然不同。古驰实行高度集权管理，成效显著。古驰集团的艺术总监汤姆·福特亲自监督每一双鞋的设计。1999 年，两家公司争夺意大利时尚品牌芬迪时，管理理念的差异显现无遗。古驰退出竞争并非因为价格，而是因为汤姆·福特认为，考虑到（芬迪的）资本的家族结构，他无法实现必要的艺术控制。尤其是卡尔·拉格菲尔德（Karl Lagerfeld）宁愿被"烤焦"也拒绝在他的领导下工作。

尽管如此，将 LVMH 与古驰进行比较并不一定合适。这两个集团正处于截然不同的历史阶段。LVMH 集团处于成熟期，而古驰在经历几乎破产的 5 年后，正处于重建和飞速发展的阶段。古驰的民主化可能会在以后到来。亚历山大·麦昆（Alexander McQueen）和斯特拉·麦卡特尼（Stella McCartney）刚加入多梅尼科·德索莱的集团，就已经获得了相当大的创作自主权。

LVMH 集团的另一个独创之处在于它的财务结构。尽管伯纳德·阿尔诺迅速跻身法国五大富豪之一，但他仅直接控制集团 43% 的股份，却凭借这个系统掌握了全部权力。通过可靠的盟友，如拉扎德银行，他能够锁定额外的 13% 股份。与另一位从安托万·伯恩海姆（Antoine Bernheim）的财务建议中获益的掠夺者文森特·博洛雷（Vincent Bolloré）一样，伯纳德·阿尔诺将所谓的"俄罗斯套娃"机制利用到了极致。

该机制基于一个非常简单的原则：要控制 A 公司，你只需拥有 B 公司 51% 的股份，而 B 公司又拥有 A 公司 51% 的资本，以此类推。在整个 20 世纪 80 年代，里昂（Lyonnais）信贷银行和拉扎德银行就是按照这种模式重组法国控股公司的。以伯纳德·阿尔诺的帝国为例，阿尔诺集团控制着阿加齐金融公司 85.6% 的股份，阿加齐金融公司拥有乐蓬马歇控股公司 98.6% 的股份，乐蓬马歇控股公司控制着迪奥公司 58.9% 的股份，迪奥公司控制着让·古戎（Jean Goujon）金融公司 100% 的股份，让·古戎金融公司拥有 LVMH 集团 42.5% 的股份。

这种级联架构对于决心坚定但资金不足的人来说，有着巨大的优势。只需一半或四分之一的股份，甚至在极端的情况下，只需持有一小部分股份，就能拥有执行权。诱人吧？但显然，操作起来并不像看上去那么容易。否则，每个集团都可以这样做。老板低投入的代价是必须不断说服投资者在各个"火箭"发展阶段资助集团的增长，否则，这个庞大的结构就会突然崩溃。

1991 年，阿尔诺的"火箭"已有 11 层！从表面上看，这已经

是一个高度受控的集团。这里有一些"小花招":

老板的艺术在于将 LVMH 的现金注入他个人的控股公司。这样,这些公司就可以减少债务,甚至实现盈利。1993 年,阿尔诺将这一原则巧妙地应用于他的家族控股公司 SEBP(即未来的阿尔诺集团)。SEBP 从沃尔姆斯公司(Worms & Cie)手中收购了拥有高田贤三 25% 股份的特鲁福金融(Financière Truffaut)公司。特鲁福金融公司本身还持有阿加齐金融公司和乐蓬马歇的股份,使阿尔诺在这两个关键层面拥有了多数股权。在第二阶段,他收购了高田贤三剩余的 75% 股份后,以不到 5 亿法郎的价格全部转卖给 LVMH 集团,从而获得了丰厚的资本收益。虽然在集团道德规范方面有些"擦边",但对阿尔诺集团非常有利!

第二个"花招"是在公司内部转移资产,以牟取个人利益。当约翰·加利亚诺从 LVMH 旗下的纪梵希离职,转投与阿尔诺利益关联更强的迪奥时,LVMH 的股东们深感失落。最典型的例子是对克里斯汀·拉克鲁瓦品牌的处理:该品牌曾由乐蓬马歇控制,但当阿尔诺决定完全控制这家百货公司时,他迅速将亏损 4000 万法郎的拉克鲁瓦品牌转移至 LVMH,理由是不同品牌间可能存在协同效应。这一理由不无道理。

有时,可以合并"火箭"中的两层。例如,经常有传言称迪奥可能与 LVMH 合并。甚至有传言称弗朗索瓦·皮诺不时买入迪奥的部分股权,以便在可能的合并后起到搅局的作用。

在"俄罗斯套娃"的游戏中,可以想象,并非所有人都是赢家。小股东有时也会大失所望。20 世纪 90 年代初，人人都想加入 LVMH 的盛宴。伯纳德·阿尔诺很容易说服投资者参与结构的各个层面。然而，随着时间的推移，一些层面失去了最具流动性的资产，这些公司的股票也随之贬值。阿尔诺要做的就是以最优的价格将它们回购，以巩固他对集团整体的控制权。现在，他的地位稳固，这些小把戏当然也就没必要玩了。

在"俄罗斯套娃"的体系中，所利用的都是别人的钱。当伯纳德·阿尔诺进行收购时，他经常被指责不计成本、乱花钱。因为他控制着一家上市公司，在该公司中持有 43% 的股份，拥有 57% 的投票权，所以他每次高价收购用的都是小股东的钱。每花 1 美元，小股东们就会无奈地拿出 57 美分。为什么要节约呢？

这种方法也有一定的局限性，在并购时需要用现金支付，因为用股票支付可能会稀释阿尔诺在 LVMH 的个人控股。然而，现金支付也存在弊端，尤其是在高价支付时，会产生大量的商誉，即购买资产时的溢价。在奢侈品行业，商誉占很大比例。为了符合美国证券交易委员会的规定，LVMH 需要逐年摊销这些商誉。经过多年疯狂购物，LVMH 的资产负债表显示了约 30 亿美元的商誉，占总资产的 18%。1999 年，商誉摊销费用高达 1.02 亿美元，占税后利润的近 15%。这是一笔不小的负担，且商誉还将长期影响集团收入。

另一个问题是，全部用现金支付需要通过借款来筹集资金。截至 2000 年初，LVMH 集团的总债务接近 70 亿美元。与此同时，古驰却拥有 27 亿美元的现金盈余。这些小麻烦导致 LVMH 在 2000 年的利润率仅为 8.6%，大约是古驰或历峰集团这两大竞争对手的三分之一。

新奢侈品的扩张

在这个令人陶醉又不断变化的世界中，各大集团为了增加市场份额，动辄斥资数十亿美元，当然会被诱惑去不断拓展奢侈品的边界。因此，他们往往不愿去深入探讨一个根本性问题：什么是奢侈品？

奢侈品巨头们有充分的理由回避这个问题，他们害怕得到答案。可以想象，如果某个集团的产品突然不再被视作奢侈品，股东们会作何反应？股票价格会发生怎样的变化？这种假设令人不寒而栗，人们会想尽一切办法确保它纯属虚构。

事实上，对奢侈品行业而言，没有什么比奢侈品概念的模糊性更有用。只要主要工业化国家不遭遇经济危机，通过精妙的沟通、广告和营销手段，这种模糊性每年都能使该行业的销售额持续攀升。这种模糊性也带来了某些荒谬或者奇迹，这取决于你的立场：如何能同时用一个词形容两个风格迥异的品牌，一个是代表帝王般极致奢华的爱马仕，另一个是极简主义的典范普拉达？这显然不是巧合。今天的技术可以围绕任何具备一定美学价值的物品，创造出一种感官盛宴，营造出奢侈的假象。有人甚至说，奢侈的假象和奢侈本身一样令人满足，堪称民主的一大突破！如果他们这么说不是为了增加现金流，那么，这个观点还是很有意思的。

我们正置身于一场伟大的操纵中，纯粹的艺术家和真正的制造者并肩作战。市场营销专家以及广告和传播领域的专家已经掌握了围绕普通物品营造奢侈氛围的艺术。它被称为"梦幻营销"，即利用广告来制造一种强迫性的购买欲望，并强化顾客害怕错过的心理。从商业角度来看，产品过时得越快，就越好。

一些毫不起眼的香水企业在广告宣传上投入的资金简直是天文数字，而矛盾的是，由于产品平庸，因此它们不可能取得长期成功。这些广告宣传有时耗费数千万美元。这就是为了迷惑大众，并让他们相信某件普通物品是"奢侈品"所需要支付的代价。

要理解奢侈品的概念是非常困难的，因为它是由制造商和顾客共同创造出来的。奢侈品的概念潜藏于购买者的眼中、心中、脑中，甚至潜意识中。品牌所要做的便是激活这些内在机制，促成购买行为的发生。在遥远的过去，每个奢侈品牌都在自己的"细分市场"中近乎享有垄断的地位，可以依靠固定的客户群体，那时并不需要运用这些心理策略。今天，品牌多元化涉及各个领域，而奢侈品的普及带来了"观光客"型消费者，他们只是偶尔接触奢侈品世界。吸引他们的注意力已然成为一门精妙的艺术。

对于这些偶尔购买奢侈品的消费者来说，奢侈品不是一种必需品，而是一种两难的选择。购买欲望被视为一种越轨行为，客户会因此感到内疚，随后还需要为自己的购买行为找到理由。因此，品牌需要提供一个友好的环境，远离昔日奢侈品严肃、庄严和沉重的氛围。

时代已经改变，奢侈品也不例外。昔日那种奢华无度、令人瞠目结舌的贵族奢侈品已不复存在。新奢侈品必须做到"政治正确"，更注重平等，强调"懂得拥有"，而不是"有钱拥有"。昔日宫廷式的狂野轻浮已不再是时代的主流。

如今，为了"弥补"这一点，所谓的奢侈品必须广泛覆盖。它不再局限于爱马仕的包、圣罗兰的高级定制，或阿瑟丁·阿拉亚（Azzedine Alaïa）的高级成衣等，而是涵盖任何可能被公众视为奢侈品的东西：一条价值300万法郎的项链，或者一瓶300法郎的香水，都可以体现奢侈。关键在于如何呈现。

因此，定义奢侈品就意味着划定目标受众的范围。从理论上讲，无论个人收入水平如何，总有一件物品，即使价格非常便宜，在他们眼中也被视为奢侈品。但实际上，一个品牌不可能为所有人服务。这样做会导致自杀式的失败，一些品牌，如皮尔·卡丹（Pierre Cardin），就是这样自我毁灭的。

不惜代价实现有机增长是一场致命游戏。对于自称奢侈品牌的公司来说，挑战在于仔细评估高端客户能接受其"降级"的程度。所有过度"降级"的品牌都付出了惨痛的代价。因为在"降级"的过程中，它们卷入了与服务大众市场的企业的竞争。这些巨大的工业机器，如盖璞（Gap）或扎拉（Zara），很可能会将它们碾压。

在这个阶段，不谈钱是愚蠢和不诚实的。奢侈品价格不菲，而高价格是"奢侈体验"的主要构成要素之一。这也是一个品牌为了维持奢侈品地位而被迫大量投入的结果。物品的价格有时与物品本身无关，而是受整体通胀推动而升高的。早在19世纪，尼采就已经注意到了这种"奢侈品税"：

"在商店里，人们购买必需且最不可或缺的商品，并支付高价，因为与此同时，他们也在为那些不常有买主的奢侈品和装饰品买单。通过这种方式，与奢侈品毫不相干的简单商品长期承担着一部分奢侈品税。"

高昂的价格，有时甚至达到了荒谬的程度，不仅丰富了产业，也使购买者摆脱了日常生活的单调平庸。一些经济学家甚至认为，奢侈品越贵越好卖。1999年，一条装饰着几根羽毛的古驰牛仔裤售价25000法郎，其成功似乎证明了他们的观点。

在奢侈品行业，价格定位是决定品牌未来的关键决策。例如，如果一个品牌打算推出一个腕表系列，首款腕表定价是5000法郎还是15000法郎，这一选择将对整个企业产生重大影响。如果价格定位与品牌的整体形象相符，公众会接受，否则，整个品牌都会动摇。

对于工匠来说，定义奢侈品往往意味着定义自己。爱马仕董事长让-路易·杜马（Jean-Louis Dumas）曾长期探索何为奢侈品。他没有找到完美的定义，但他知道，奢侈品与时间有关。他提到一条带有金线绣花的华美纱丽，这条纱丽曾经包裹过十代印度女性的身体："奢侈品不是一时的炫耀，而是岁月的沉淀。它是一件代代相传的珍宝，一种经得起时间考验的品质。"

"奢侈品，是比你的生命更持久的东西！"

钟表品牌百达翡丽（Patek Philippe）在最新广告中运用了这一永恒的幻想：

"你永远不会真正拥有一块百达翡丽腕表，你只是为下一代保管它。"

斯沃琪（Swatch）董事长尼古拉斯·海耶克（Nicolas Hayek）更愿意让购买者定义奢侈品：

"奢侈品是由佩戴它的人定义的。"

奢侈品的另一个特点是稀有。在日本，购买一个爱马仕的凯莉包需要等上5年。当爱马仕告诉顾客，她的包至少要等上5年时，客户会感到既沮丧又满足，这一刻本身就是奢侈的。在内心深处，她为这种等待感到自豪。

奢侈品也有其浮华和童真的一面。狄德罗（Diderot）在《百科全书》（*Encyclopédie*）中指出："如果没有大量的奢侈品，每个人都会觉得自己过得贫困悲惨。"

一件物品若想被视为奢侈品，必须激发出一种不可抗拒的欲望。它可以具备实用功能，但这种功能必须带有某种神圣感。任职于爱马仕的奢侈品专家斯蒂芬·瓦尔涅尔（Stéphane Wargnier）进一步解释道：

"奢侈品像生活本身一样，是一种烈性毒品，对一个人来说，除了满足生活必需，其他都是多余的。"

因此，尽管奢侈品很昂贵，但从某种程度上来说，这种消费是"免费"的，反映了人类不愿将生活局限于生存的基本需求。

这也解释了为什么高科技设备尽管性能卓越，却不被视为真正的奢侈品。爱马仕和数据通用（Data General）公司曾策划推出一款奢侈电脑，但没有成功。因为信息技术设备虽然价格昂贵，却过于实用，无法激发奢侈品所需的那种非理性的欲望。而一瓶普通的香水，凭借其强大的唤起力，却能激发这种欲望。

博柏利自杀未遂

　　并非所有奢侈品战争都是敌对双方间的博弈。最危险的战争，有时是品牌与自身的较量。如果奢侈品品牌是一座基座，从上面跌落将是灾难性的。跌落神坛的品牌还能东山再起吗？这个问题需要问问罗斯·玛丽·布拉沃（Rose Marie Bravo），这位拯救了博柏利氏（Burberry's）品牌的美国人。1997 年，由托马斯·博柏利（Thomas Burberry）在 1856 年创立的博柏利氏品牌已经奄奄一息。经历了一个世纪的辉煌，博柏利氏已经不再是奢侈和优雅的象征，甚至不再是英国的象征。它所有的"基因遗产"，用品牌战略家的话来说，已经消失殆尽了。

　　灾难始于 30 年前，当时日本消费者终于走出原子弹的阴影，带着对奢侈品的无尽渴望和雄厚财力登上世界舞台。初次见到著名的驼红黑三色格子时，日本人震惊了。这个拥有一亿新贵的国家渴望穿上博柏利氏的服装，每个家庭都想拥有整个系列。当时，品牌犯了一个致命的错误。它将特许经营权授予日本的三井（Mitsui）公司，却并没有对产品宣传、商店橱窗布置和店内装潢等细节进行安排。在那个时代，还没有能够在全球范围内进行大规模投资的多品牌奢侈品集团。像许多自认为没有其他发展途径的奢侈品牌一样，迪奥、圣罗兰、皮尔·卡丹等品牌也陷入了这种可能致命的陷阱。博柏利氏大量发放特许证以增加销售额，却放弃了对质量和分销的控制。

发放特许证很容易，看似无害而且利润丰厚，于是，20世纪70年代中期，博柏利氏加大了颁发特许证的力度。许可经营范围从服装扩展到饼干盒和茶巾。这种透支品牌形象的方式迅速增加了现金流。随着品牌所有者大全联集团（Great Universal Stores）变得越来越贪婪，特许证已经满足不了他们的胃口了，博柏利氏开始涉足"灰色市场"。他们将库存出售给秘密买家，这些买家在亚洲的低档商店以低价出售这些商品。当数量过多时，产品被重新返销到欧洲，然后以折扣价出售，这种做法进一步损害了品牌形象。

20年后，在20世纪90年代中期，博柏利氏在日本的销售额增长如此之快，以至于日本市场占品牌全球销售额的75%。但博柏利氏却面临着死亡的威胁。

在位于海马克街博柏利大楼顶层的办公室里，距离皮卡迪利广场仅几步之遥，罗斯·玛丽·布拉沃回忆起她刚加入公司时的情况："在英国和美国客户的眼中，它几乎已经成为一个亚洲品牌！"

透过蕾丝窗帘，布拉沃观察着大楼前的景象，仿佛在欣赏自己的胜利：时髦的接待员们正带领着顾客前往伦敦旧邦德街上新开的专卖店，这条街是伦敦的奢侈品圣地。这些回到新店购物的日本或韩国游客，正是品牌复兴的明证。

为了庆祝品牌成功复兴，罗斯·玛丽·布拉沃把"Burberry's"中的"'s"去掉了。现在，品牌被称为博柏利，显得更年轻、更有活力。

在伦敦，人们很快就将博柏利的复兴与古驰相提并论。事实上，自从多梅尼科·德索莱和汤姆·福特成功拯救古驰以来，金融界开始流行一种说法：将一个衰落的品牌重新推向成功，就是"打造一个古驰"。伦敦的金融家们甚至提到了博柏利可能进行的首次公开募股，市值有望攀升至30亿美元。前提是品牌能够实现其全球抱负。目前，它还远未达成这一目标。尽管博柏利不惜代价在全球各地广开新店，但统计数据显示，一半的营业额仍然来自西班牙和日本这两个国家。品牌在美国没有存在感，在法国和意大利这两个欧洲主要市场也没有站稳脚跟。此外，其规模使其成为大型集团的潜在收购目标，有时这些集团认为，博柏利仍未真正重返奢侈品家族，这种看法多少有点居高临下的意思。

罗斯·玛丽·布拉沃擅长唤醒沉睡的企业，这是她的专长。在她前往伦敦冒险之前，布拉沃曾在美国奢侈品百货公司萨克斯第五大道工作5年，使萨克斯第五大道重整旗鼓。在博柏利，她采用强硬手段，扭转了过去的偏差方向：不再通过追求销售额来增加现金流，而是让销售额下降。她是如何做到的呢？很简单，她停止了向灰色市场供货。这剂猛药差点要了公司的命：

"拒绝向灰色市场销售，我们的利润遭受重创。尽管去年翻了一番，达到了 2200 万英镑，但与 1996 年的 6300 万英镑相比，仍远不及巅峰时期。"

其他策略也很常见：开设专卖店、起用年轻设计师，如罗伯托·梅尼切蒂（Roberto Menichetti），以及大量宣传，用"全面否定过去"的方式打破品牌陈旧且过于男性化的形象。要吸引年轻客户，同时不吓跑老客户。在这方面，最能说明布拉沃革命成效的莫过于凯特·莫斯（Kate Moss）穿着比基尼的全球成功案例。罗斯·玛丽·布拉沃至今仍感慨不已：

"凯特·莫斯穿上这件泳衣，瞬间把我们客户的平均年龄降低了 30 岁！"

爱马仕的经营之道

当你和让‑路易·杜马谈到市场营销时，他会带你去那些工匠们工作的工作坊，在那里，工匠们有时会看到自己亲手组装的手袋在 30 年后重见天日，并能从皮革中读出手袋主人的生活痕迹。当你和他谈起营业额时，他会向你展示某个员工在 5 年甚至 10 年前组装的手袋原型，而他至今仍未决定是否要将其推向市场。当你和他谈论时尚时，这位爱马仕的董事长——创始人的曾曾孙——会从他的办公桌下拿出一个公文包，这是该品牌最古老的款式之一，并提醒你它在日本的销售额仍然为第一。

在这里，尽管拥有可观的现金流，爱马仕却不愿谈论金钱。爱马仕有自己独特的经营之道。

在这里，奢侈品战争似乎并不存在，或者只有来自遥远下界的厮杀声。爱马仕没有敌人。而且，无论如何，爱马仕都不认为自己属于奢侈品行业。"奢侈品"这个词在这里属于禁忌，他们情愿把它留给那些天赋稍逊的同行，如路易威登和古驰。爱马仕追求的不是奢侈，而是卓越。区别在于对时间的态度。奢侈品企业和所有企业一样，与时间搏斗，而时间却在为爱马仕而战。

要理解这一点，只需观察一下潘廷工坊里的剪裁师。他深知皮革的挑选流程非常严格，只有鞣革商提供的顶级皮革才会被选中，但他只信任自己的眼睛和双手。剪裁师在切割台上反复触摸、掐捏，抚摸眼前的皮革，测量其强度、柔软度和质感，找出其中的薄弱部分，测试表面的附着力。他运用唯一可靠的判断依据，那就是自己对皮革的感觉。

灯光明亮刺眼，皮革上任何疤痕、皱纹或刀痕都无法掩饰。工匠不急于下判断，将头向左、向右倾斜，眯起眼睛，寻找可疑的阴影，指出明显的纹理或隐藏的瑕疵。他不紧不慢，从不同角度重复操作数次。这种细致和从容也说明，要深入了解皮革，必须遵循它特有的节奏。

如果检查结果令人满意，便说明皮革是完美的。一只手袋即将诞生。工匠将模具按在皮革上进行切割，一块、两块、三块。皮革被切出奇怪的形状，随后将这些部分堆叠起来。每一块的边缘都用削皮刀削薄。每种皮革都有特定的处理方式。黄杨木模具能使短吻鳄鳞片更为光滑平整。自从野生鳄鱼捕猎被禁止后，只能使用在亚洲某些国家养殖的鳄鱼。这两种鳄鱼主要通过鳞片的渐变来区分，两种都备受追捧。经过榔头的捶打，鸵鸟的皮摸起来会更光滑。不过，用于制作腕表表带的幼年鸵鸟皮也越来越难找。在爱马仕，永远不会出现马皮制品，这是全球最著名的马具制造商的基本要求。

接下来，为了让皮革更具光泽，皮革会被涂上一种由酪蛋白和清蛋白配成的蛋白质溶液，然后用玛瑙抛光。他们不像某些同行那样，用砂纸打磨或刮擦来软化皮革。实际上，能达到同样水准的皮具制造商并不多。

现在可以开始组装了：使用亚麻线，采用"马鞍针法"缝制，这种缝制方法使爱马仕的产品具有严谨而感性的特点。在这里工作的工匠是世界上最优秀的皮革专家。爱马仕系统地雇用了阿贝·格里高利（Abbé Grégoire）学校最优秀的学生。在逐一完成皮包制作的各道工序时，他们会被反复灌输一种理念：交付给客户的产品是不完整的。客户在使用过程中为皮包的制作画上句号。

制作一个凯利包至少需要 15 个小时，这是让 - 路易·杜马永不厌倦的神秘乐章。这位创始人蒂埃里·爱马仕（Thierry Hermès）的曾曾孙兼现任董事长，总是带领来访者来到他那堆满杂物的办公室一角，从那里可以俯瞰潘廷的爱马仕总部，这是一座木质和玻璃结构的宏伟建筑，位于巴黎外环的另一侧。他打开一扇窗，与来访者一起久久聆听皮革的"歌声"。

爱马仕对持久性的执着无处不在。经过精心保养的优质皮革制品可以使用数百年，这种永恒感是公众对品牌认知的重要组成部分。2000 年，一位售货员与一位年轻的日本顾客之间的对话被传颂为品牌精神的象征：

"您好，我想买一个铂金手袋。"

"好的，女士。交货时间大约是两年。"

"两年！"

"是的，女士。"

"哦，没关系。这个手袋也是为我的孩子们买的。"

"您有几个孩子？"

"我还没有孩子。"

在这个传播至上的时代，爱马仕的力量在于，它首先是一种身份，然后才是一种形象。让-路易·杜马自1978年起掌管这家公司，作为一名虔诚的新教徒，他对形象持怀疑态度。15年前，广告博物馆举办了一场关于爱马仕广告宣传的展览，要求提供品牌的产品海报。董事长要求在每张海报下展示实际产品，仿佛照片无法传达皮革艺术的精髓。

爱马仕没有市场营销部门，也不做市场调研。竞争？有什么竞争？让-路易·杜马不会浪费时间去和路易威登、古驰或普拉达进行比较，但他保持着贵族应有的风度，避免显得高高在上。

"我不关注别人在做什么。每个人都要走自己的路。"

这句话的意思是："当你可以仰望星辰时，何必在意脚下的路呢？"

话虽如此，生活还得继续。"品牌收集者"之间的奢侈品战争让他觉得有趣，他自己也在收集，希望将顶级的品牌纳入麾下，如拥有让-保罗·高缇耶（Jean-Paul Gaultier）35%的股份，或者收购"相机之王"徕卡超过三分之一的股份（之后，爱马仕于2007年出售了所持股份。——编者注）。此前，他还收购了鞋匠约翰·洛布（John Lobb）和银器商普福尔卡特（Puiforcat）的品牌。除了迷人的传说，爱马仕也是一个成功的多元化产业。如今，爱马仕的营业额约为10亿欧元，约合60亿法郎。公司早已突破了"皮包-丝巾"的传统领域。香水、鞋履、餐具、珠宝、面料……多元化的清单很长。当丝巾销售额下降时，珠宝和腕表的销售业绩能平衡损失。

尽管如此，仍要保持冷静，品牌形象至关重要，公司四分之三的资本积累都是靠品牌形象获得的。因此，每项新举措都要经过深思熟虑。香水在其他奢侈品牌中是主要的收入来源，但爱马仕不能这样做，以免损害声誉。例如，在美国，爱马仕的香水只出现在100家高端专卖店，而大多数奢侈品牌在成千上万家专卖店销售。香水仅占爱马仕销售额的8%，虽然微不足道，却更能体现爱马仕的独特和专一。

爱马仕同样也努力创新。尽管注重传统，但为了吸引时尚编辑的关注，革新势在必行。1837年，爱马仕唯一的产品是马具。150余年后的1988年，品牌当年只推出了1种新产品：动物图案的领带。而到了20世纪90年代中期，创新步伐加快。1998年推出了14种新产品，其中包括售价超过2000法郎的魁克运动鞋。1999年，爱马仕推出了超过25种新产品，包括绒面和小牛皮制成的图昂达长靴，以及手工滚边的羊绒领带。

自 1978 年掌舵以来，经过 14 年的耐心积累，让 - 路易·杜马展现出务实的态度。他认为，家族企业不仅需要精神，更需要红利："如果不派发红利，精神也无法凝聚。"家族成员在公司的股权和管理层中占据重要地位。米歇尔·杜马（Michèle Dumas）担任副总裁，蒂埃里·杜马（Thierry Dumas）在监事会任职，奥利维尔·杜马（Olivier Dumas）、艾琳·爱马仕（Aline Hermès）及其两个儿子于贝尔（Hubert）和帕特里克·盖兰德（Patrick Guerrand）在爱马仕控股公司的管理委员会中任职。稳定股权和不疏远家族成员一直是让 - 路易·杜马的首要任务。为此，让 - 路易·杜马最近的一个妙招是将部分资本上市。这是一个明智的决定。公司还会不时在市场上回购自己的股票。自 1999 年 1 月以来，公司股价已经翻了一番，极大地增强了家族凝聚力。

普拉达综合征

在皮具世界中，成功的故事层出不穷。毫无疑问，普拉达的极简美学和激进的市场营销与爱马仕的奢华经典、无可挑剔，两者风格大相径庭。

马里奥·普拉达（Mario Prada）于 1913 年在阿雷佐附近的莱瓦内尔创办了一家小型皮革厂，缪西娅·普拉达（Miuccia Prada）于 1978 年接管家族企业，22 年后，她在全球范围内取得了辉煌的成就，其竞争对手古驰也难望其项背。

一切始于 20 世纪 80 年代的一次偶遇。某天，在一个商业博览会上，缪西娅经过帕特里齐奥·贝尔特利（Patrizio Bertelli）的展台，两人一见钟情。1987 年，他们结婚了！贝尔特利是一名贪婪的经理人，而缪西娅·普拉达则是独具慧眼的继承人。他们两人一拍即合。普拉达出身时尚世家，青少年时期爱穿圣罗兰，20 世纪 70 年代致力于左翼运动，成为一名共产党员，热衷于发传单，是时尚政治咖啡馆的常客。她的爱好是哑剧。

夫妇齐心，其利断金。妻子负责设计，丈夫则负责生产，并通过他的意大利皮具制造商公司进行销售。他们领先于其他非意大利的竞争对手相当长一段时间，于是便积极向多元化方向发展。首先是鞋类、女装成衣，然后是男装、内衣和运动服。同时，他们推出了一个更年轻的系列，价格便宜一半，命名为 Miu Miu。

尽管进行了多元化和扩展，普拉达的艺术中心化管理模式仍然坚如磐石。未经缪西娅认可，任何产品都不能上市。她在每件产品中注入了极简、色调中性但始终奢华的个人风格。这种奢华不是 20 世纪 80 年代那种炫耀、喧嚣的奢华，而是转向更私密、舒适的风格，依赖独特的布料混搭。这种风格旨在创建一个心照不宣的小众群体，而不是哗众取宠。穿普拉达的女性很少化妆。当然，由于过于追求极简，普拉达的时尚有时显得单调、简略，这种特点被其昂贵的价格衬托得尤为突出。但这种低调的边缘性激发了各路设计师的灵感。在 20 世纪 90 年代的某几季时装中，人们坚称卡尔文·克莱恩（Calvin Klein）的作品里有普拉达的影子。普拉达的高端客户越来越多，海伦·亨特（Helen Hunt）和汤姆·汉克斯（Tom Hanks）都是其忠实拥趸。

米兰品牌普拉达的首个成功之作是一款全黑的尼龙军用背包，设计简洁，甚至没有标志，但销量却达数十万件。显然，这类产品的利润率极高，而普拉达从未对外透露具体数据。普拉达的成功经验如下：稳定的基础产品线几乎不变，定期推出新产品以保持品牌活力。品牌销售额飙升，从 1994 年的 1.67 亿美元增长至 1997 年的 6.74 亿美元，并在 1999 年突破 10 亿美元。投资也随之大幅增加。

分销渠道发生了翻天覆地的变化。米兰商业街拱廊里的店铺变成了一个拥有近 150 家专卖店的全球帝国。贝尔特利毫不掩饰他的目标，他想建立一个类似法国 LVMH 的多品牌集团。赫尔穆特·朗（Helmut Lang）、吉尔·桑达（Jil Sander）、切尔西（Church's）、芬迪（普拉达于 1999 年与 LVMH 联合买入芬迪 51% 的股份，但于 2001 年将股份全部出售给了 LVMH。——编者注）——他参与的品牌越来越多，所持有的股份也各不相同。1998 年，他买下古驰 9.5% 的股份，然后高价卖给 LVMH 集团，这令古驰大为不满。

这一切都花费不菲。普拉达的超快速增长耗尽了现金储备，债务急剧增加。虽然没有公布官方数据，但据多位专家估计，债务至少达 5.4 亿美元。不过，考虑到销售额的增长，这并不令人担忧。

必须找到资金来源。有多种方法可以实现这一目标。当然，可以向银行借款，但这种做法略显过时，属于"旧经济"。最时髦的方法是公开募股（IPO）。贝尔特利曾计划在 2002 年或 2003 年进行 IPO，但现在不排除更早的可能性，甚至可能提前至 2001 年（普拉达最终于 2011 年在港交所上市。——编者注）。大多数分析师认为，IPO 将使普拉达估值达到 60 亿至 70 亿美元，仅略低于其主要竞争对手古驰。这将为普拉达带来充裕的现金流。

与此同时，帕特里齐奥·贝尔特利的独特个性逐渐显露出来。他既是一位具有远见卓识且对细节极其关注的管理者，又是一个脾气暴躁的人。普拉达内部传言，贝尔特利会决定一切事务，包括分配给员工的铅笔数量，他甚至还会亲自挑选卫生纸。他常在公开场合暴怒，以震慑对手。普拉达赞助过的"红月"帆船队队员们对此深有体会，尤其是在路易威登杯比赛期间。对贝尔特利来说，没有对手值得他害怕，他才是"大魔头"。他甚至不把美国最独特的奢侈品百货公司波道夫放在眼里，毫不客气地在波道夫附近开设店铺，导致波道夫一怒之下撤掉了普拉达专柜，代之以美国奢侈品牌朗贝尔森·崔克斯（Lambertson Truex）。

贝尔特利脾气暴躁，经常攻击竞争对手。古驰的艺术总监汤姆·福特是他最喜欢攻击的对象之一。2000 年 6 月，在吉尔·桑达的时装秀前夕，贝尔特利再次发飙："汤姆·福特不是设计师，他只擅长营销。这和卡尔·拉格菲尔德不一样，卡尔每天早上一睁眼便投入设计工作。"

过了几天，福特忙完了自己的时装秀，这才反唇相讥："幸运的是，我从未在帕特里齐奥·贝尔特利身边醒来过，所以我完全不清楚他怎么知道我起床后在做什么。"

这场口角只是小插曲。普拉达和古驰之间的竞争异常激烈。1997 年，贝尔特利曾指责古驰剽窃："他们抄袭我们的黑色手袋，仅加上了竹柄而已。他们还模仿了我们的亮面小牛皮，并开始使用我们的所有元素。"

贝尔特利持续的愤怒并非毫无嫉妒成分。尽管他与妻子的合作非常成功，但他知道，他俩无法与古驰的"超级搭档"——多梅尼科·德索莱和汤姆·福特相比。20 世纪 70 年代的明星组合是伊夫·圣罗兰和皮埃尔·贝尔热；20 世纪 80 年代则是卡尔·拉格菲尔德在香奈儿一枝独秀；20 世纪 90 年代见证了伯纳德·阿尔诺集团的崛起。21 世纪伊始，古驰成了典范，这让贝尔特利内心愤懑不已。这种近乎常态的愤怒似乎已经成为普拉达公关手段的一部分，因为任何关于普拉达的讨论对普拉达都是有利的。

在这种背景下，2000 年 10 月的创意非同寻常。也许是为了向自己激昂的青春岁月致敬，缪西娅·普拉达成功租下了位于科洛内尔 - 法比恩（Colonel-Fabien）广场的法国共产党总部，用来举办时装周的闭幕盛典。这个"镰刀与外套"之夜吸引了 1200 名嘉宾，为共产党带来 30 万法郎的收入，这个价格几乎与在 *Vogue* 上刊登一页广告的费用相同。对于这项颇具非马克思主义色彩的创新举措，法国共产党全国书记罗贝尔·于（Robert Hue）在向党员们解释时说："共产主义就是现代性，创造不是颓废的事。"

普拉达的传奇已经在奢侈品界惊艳了将近 15 年，这不仅仅是出于品牌在商业上的成功。两位创始人从来不走寻常路。首先，与过去 50 年来所有奢侈品品牌严格遵循的多元化黄金法则相悖，普拉达从未推出过香水。他们认为香水已经"过时"（后来，普拉达于 2004 年推出了第一款香水。——编者注）。此外，该品牌的大部分营业额来自日本市场，而日本女性既对大胆的香气持怀疑态度，又厌恶体味。相反，她们在护肤品上开销不菲。尽管护肤品缺乏香水那种梦幻般的魔力，但它更贴近身体，能更好地培养客户的忠诚度。因此，普拉达决定推出护肤品，虽然实现这一目标首先需要签署授权协议，这打破了品牌的重要原则。这一选择完全是基于市场营销的考虑，在某种程度上是以牺牲品牌宣传为代价的。

普拉达的另一项战略突破是专卖店。在现代品牌与客户的关系中，专卖店扮演着关键角色。数以千万甚至上亿美元的广告费用旨在吸引客户，创造店内"流量"。一旦顾客踏进店门，就要让他们成为品牌的忠实信徒。在激烈竞争的环境中，这并非易事，商店的设计可能成就或摧毁一个品牌。所有的奢侈品牌都在连锁专卖店上大力投资，但普拉达为这一冒险赋予了独特的维度。普拉达的专卖店因其墙上的淡绿色油漆而闻名于世。缪西娅决定通过改造其分布于全球各地的商店、办公室和仓库，进一步提升品牌形象。为此，她同时聘请了3家世界上最为时尚的建筑工作室，进行"普拉达建筑"的设计，总投资预算接近10亿美元。

OMA工作室，由雷姆·库哈斯（Rem Koolhaas）于鹿特丹创立，将负责重塑普拉达在纽约、洛杉矶和旧金山的精品店。按照他的说法，这是一种"重新定义购物体验"的尝试。从模型来看，新店既像剧院，又像献祭消费主义的神殿。这一趋势并不新鲜，自从克劳迪奥·西尔韦斯特林（Claudio Silvestrin）和约翰·波森

(John Pawson) 将极简主义店铺的建筑风格引入时尚界以来，最时尚的服装店看起来都像修道院，有着高耸的白墙、柔和的灯光和数量稀少的商品陈列，营造出一种超自然、类似宗教般的氛围感。在这些被设计成崇拜场所的地方，购物不再是简单的购买行为，而是证明部落归属感的入会仪式。

店铺内，备受瞩目的美妆区域散发着宁静的气息。缪西娅·普拉达毫不犹豫地联系了由妹岛和世和西泽立卫创立的日本建筑工作室 SANAA，他们是金泽市当代艺术博物馆的总设计师。这对组合在 1999 年凭借设计威尼斯建筑双年展的日本馆而享誉全球。

位于苏黎世的赫尔佐格和德·梅隆（Herzog & de Meuron）工作室将负责在 2002 年前建造普拉达的曼哈顿新总部。这支瑞士团队的最新杰作是将伦敦的班克赛德发电站改建为泰特美术馆，这是一座专门展示现代艺术的博物馆。泰特美术馆的"涡轮机室"已成为 20 世纪末的建筑奇迹之一。

这说明普拉达在舞台布置上不遗余力。虽然产品可能受到质疑，但舞台布置却令人钦佩。普拉达的另一个显著特点是优先考虑产品本身，而不是设计师的个人声誉。无论未来设计师如何更替，最重要的是确保品牌的长盛不衰。

与伯纳德·阿尔诺在 20 世纪 90 年代中期收编一批如约翰·加利亚诺、亚历山大·麦昆、马克·雅各布斯（Marc Jacobs）和迈克尔·科尔斯（Michael Kors）等追求媒体曝光和高薪的明星设计师不同，缪西娅·普拉达选择普通助理负责创作。普拉达代表着她自己，她掌控着品牌风格，没人能跟她抢风头。

这个问题在 2000 年 9 月 *Vogue* 杂志上发表的一项名为《做一件衣服需要多少人？》的调查中得到了充分讨论。在这篇文章中，读者看到，12 位设计师被所有协助他们设计服装的人们簇拥着，其中包括助理、技师、裁缝、配件师等。在一张大幅照片中，亚历山大·麦昆被 27 位灵感缪斯包围着。几页之后，唐娜泰拉·范思哲（Donatella Versace）端坐在她的高级定制工作室中间，周围是她的 7 名助理。而缪西娅·普拉达虽然与多支团队合作，但她独自一人，充满热情地凝视着镜中的自己。对于这份自恋，她毫不掩饰地说："我从未有过灵感缪斯！"

虽然设计师们在普拉达工作期间必须保持低调，但这种隐忍和奉献也是一份珍贵的履历，堪比最好的学位。"普拉达学院"教授产品生命周期的各个环节，从艺术设计到专卖店的商品陈列，培养出了许多世界奢侈品界最杰出的"创意人才"。斯特凡诺·皮拉蒂（Stefano Pilati）在巴黎为 Miu Miu 做了 2 年设计师之后，被汤姆·福特挖走，负责伊夫·圣罗兰的女装成衣。另一位曾在普拉达默默无闻担任助手的马克·奥迪贝（Marc Audibet），现在主导着菲拉格慕（Ferragamo）的女装成衣。这些优秀人才被各大品牌争相聘用。克里斯蒂娜·奥尔蒂兹（Cristina Ortiz）曾为普拉达设计女装，现在加盟朗万（Lanvin）。纳西索·罗德里格斯（Narciso Rodriguez）先后为卡尔文·克莱恩和切瑞蒂（Cerruti）效力，后来被罗意威（Loewe）纳入麾下，但他很快就要离职了。还有娜塔莉·热尔韦（Nathalie Gervais），如今在尼娜·里奇（Nina Ricci）工作，以及罗伯托·梅尼凯蒂（Roberto Menichetti），他正在努力将博柏利重新打造成奢侈品牌。

帕特里齐奥碾压吉尔

  自从 1996 年于贝尔·德·纪梵希被无情地逐出他 40 年前亲手创立的时装品牌之后，时尚界明白，游戏规则已经改变了，没有人是真正安全的。家族王朝消失了，礼仪消失了，信任也消失了。那些最著名的先驱者、最精湛的裁缝们，在庞大的金融机器面前显得微不足道。合并、集中、合理化，这些行业的新法则是冷酷无情的。最后的诗人们，那些依然愿意相信"小即是美"的人，如克里斯托巴尔·巴伦西亚加（Cristobal Balenciaga）时代的信徒一样，被美国投资银行的一连串比率所淹没。那些逆流而上、凭着对服装的热爱而缝制衣服的人们，面对那些通过制造手袋和配饰无限扩张的集团，变成了脆弱的猎物。一如既往，艺术家们低下了头。

  这就是为什么 2000 年 1 月 24 日传来的消息并未真正令时尚界感到意外。吉尔·桑达要离开了。56 岁的她，带着无可挑剔的声誉，离开了自己于 1968 年在汉堡创立的品牌。她放弃了董事长和首席设计师的双重职位。吉尔·桑达做出了一个既高傲又无用的决定——没有试图拖延或谈判，而是在将所持有的三分之二股份出售给普拉达仅 5 个月后，摔门而去。这是奢侈品战争中的又一名受害者。当然，有时受害者自身也难辞其咎。当她在合同上签下自己的名字时，是否也签下了职业生涯的死亡判决书呢？

吉尔·桑达的离去引起了震动，因为她比任何人，甚至比缪西娅·普拉达本人，更加代表着不断影响现代主义的极简风格的崛起。吉尔·桑达的极简主义并非权宜之计，即使在浮夸之风盛行的 20 世纪 80 年代，对于自己的方向，她也从未动摇。桑达的企业规模不大，营业额不超过 1 亿美元，却有着不可估量的影响力。作为德国最伟大的时尚设计师，她在解放女性、赋予女性实用而非束缚的服装方面发挥了重要作用。通过将性感的褶皱与雕塑般的剪裁相结合，桑达创造了一种低调而不失奢华的优雅风格，这得益于所用材料的丰富性，特别是羊绒和丝绸。

她的服装价格昂贵，比如在 2000 年初米兰彼得罗·韦里（Pietro Verri）大街的精品店中，一套黑色的裤装外套，采用轻盈如纱的细腻羊毛制作，售价高达 8000 法郎。但这个价格是物有所值的。吉尔·桑达并不打算"征服大众"，她毫不留情地抨击某些"贫穷极简主义"，这些时尚风格虽然借鉴了她的理念，却病态地削减了成本，她批评说这种行为极为低劣！

吉尔·桑达还是大意了。她原以为与普拉达的合作是一桩平等的交易。她让渡了一部分权力，以换取资本注入，用于发展她的品牌，创建配饰系列，并在全球开设十几家新店。对于一个雄心勃勃的品牌来说，这些步骤是必经之路，否则就会陷入停滞。即便有银行的支持，她也无法独自资助这些扩展计划。然而，她或许没有充分意识到，与普拉达的合作意味着她放弃了一项关键的权利：使用和销售自己名字的权利。哪位设计师不曾梦想过一夜暴富呢？当数以千万计的美元向你砸过来时，谁能抗拒？

她辞职的消息传到米兰和汉堡，每个人都心照不宣地点头：难怪她与帕特里齐奥·贝尔特利合不来。

贝尔特利没安分多久就开始对吉尔·桑达发起攻势。入股协议刚一敲定，他就摘下拉丁魅力男性的虚伪面具，恢复了"丧心病狂"的管理作风。他处处干涉桑达的事务，撤销她作为董事长下达的命令，强行指定面料。吉尔·桑达忠于自身的信条，只选择最美丽、最昂贵的面料，而贝尔特利为了提高盈利能力，希望使用更普通的材料。一件售价超过 5000 法郎的针织上衣会让他怒不可遏。而当贝尔特利单方面决定将部分皮革工作坊从德国迁至瑞士时，吉尔·桑达则暴跳如雷。

这种局面显然不可能持续太久，因为吉尔·桑达本人也是一位非常苛刻的老板。在她的店铺里，她决定一切，包括每个销售员在店里的位置！这种情况简直就是一场希腊式的悲剧。吉尔·桑达仿佛被"活埋"了一样。如今，她卖掉了自己的名字，失去了总裁头衔，她还能有什么未来？时尚界是否还能接纳一个新的极简主义品牌？至于"吉尔·桑达"这个品牌，其 DNA 是视觉上的低调和奢华触感的微妙融合，失去创始人的引领，它还能存活下来吗？众所周知，继承一位已故大师的事业是充满挑战的，而接替一位被排挤但仍然在世的大师，面对的挑战将更加艰巨。

为了 1000 亿美元

　　一位女士步履轻快地走在被三月骤雨淋湿的斯皮加（Spiga）大道上，但她突然停了下来。一面极致奢华的橱窗吸引了她的目光，橱窗的色调是白色和绿色，里面仅摆放了一个浅色的木制模特。这个木制模特勾勒出身材修长的女性形象，身穿一条售价200万里拉（1999年1里拉≈0.0045元人民币。——编者注）的红色棉质长裤，搭配一件售价150万里拉的极其精致的皮制短外套。

　　店内的售货员们注意到了两件事。首先，这是米兰高级住宅区最为时髦的街道之一，这位年轻女士并不是这条街上的常客，否则她不会如此突兀地停下脚步。在这里，人们通常对所有美丽的事物表现出一种优雅的、略显厌倦的冷漠。售货员们很清闲，因为这家店铺像往常一样，空无一人。她们注意到了更多细节：从她苍白的皮肤可以判断，这位年轻女士显然不是意大利人；她戴着一块价值约为2000万里拉的劳力士（Rolex）腕表。然而，除此之外，她的装束相当朴素，没有特别讲究的地方。

一番审视仅用了几秒钟，现在售货员们确信：这位推门而入的年轻女士非常富有，而且她最近才拥有这么多钱。她可能是某家公司的年轻老板，也可能是某个俄罗斯黑帮成员的情人。但这些都无关紧要！在那些类似奢侈品市场社会学家的英美金融分析师眼里，她无疑属于"高净值人士"，即净金融资产超过 100 万美元的消费者。在这些人中，年轻的职业女性的数量日益增多。1998年至 1999 年，这类"高净值人士"的数量增长了 18%，达到了 700 万。她们的财富总额约 25.5 万亿美元，而全球奢侈品市场总额为 1000 亿美元，她们是这个市场的支柱力量。

从 1995 年到 2000 年，新技术和互联网造就了一大波新贵，以至于分析消费行为时需要发明一个新类别，即"超高净值人士"，指那些资产超过 3000 万美元的人，全球有 5.5 万人属于这一类别。越来越多的财富不再源于遗产，而是来自个人的成功。这也意味着，这些巨额财富常常依赖于股市，因此更加不稳定。对奢侈品商人而言，这是一笔丰厚但却不稳定的财富来源。

奢侈品早已成为一种全球现象。放眼全球，这一市场的年营业额大约为 1000 亿美元，是武器贸易额的 2 倍。主要的参与者众所周知。在皮具领域，领头羊是古驰、路易威登、普拉达和爱马仕。在珠宝行业，卡地亚（Cartier）、蒂芙尼和宝格丽（Bulgari）占据主导地位。奢侈腕表市场由劳力士主导，其次是拥有众多顶级品牌的历峰集团，如伯爵（Piaget）、江诗丹顿（Vacheron

Constantin)、名士（Baume & Mercier），当然还有卡地亚，其腕表销售额占总营业额的48%。LVMH通过收购泰格豪雅（TAG Heuer）、玉宝（Ebel）、尚美（Chaumet）和真力时（Zenith），成为高端钟表市场的二线玩家。在成衣领域，意大利的阿玛尼（Armani）和范思哲（Versace）继续领跑，但有许多实力不俗的竞争者，包括古驰和普拉达的成衣系列，这两个是相对较新但快速扩张的品牌。最后，在高端香水领域，雅诗兰黛（Estée Lauder）、香奈儿和迪奥仍然是市场领导者。

考虑到众多品牌的存在，奢侈品领域可能给人一种分裂成众多小参与者的印象，但这种分裂正在快速走向整合。1999年和2000年，发生了50多起并购事件。传统上，主要的整合集团是法国的LVMH和瑞士-南非的历峰集团，但自1999年以来，古驰和普拉达也凭借其野心和创造力成为重要的参与者。

为了明确主题，就无法回避另外两个问题：第一，高端葡萄酒和烈酒是否应被纳入奢侈品范畴？许多分析师对此持否定态度，认为其消费模式遵循比奢侈品更为理性的规则。然而，考虑到全球最大的奢侈品集团LVMH在香槟酒方面的深度参与，这一领域很难被忽视。但我们在本书中集中讨论的是奢侈品战争，而香槟并不是这些战争的焦点。

第二，我们是否只应谈论奢侈品？是否也应该提及奢侈服务：休闲娱乐、豪车、酒店、豪华飞机等？我们选择在这里只讨论奢侈品，原因如下：其一，奢侈品行业中规模最大的工业和金融对抗都集中在这一领域，本文的主要论点围绕这些集中的"战争"展开。其二，这些新兴的奢侈服务领域只涉及非常有限的一小部分消费群体，相较于 1000 亿美元的总额，其涉及的金额相对较少。

这一数字本身也是有争议的。法国奢侈品领域的权威机构科尔贝委员会（Comité Colbert）的纯粹主义者认为，1996 年"真正"奢侈品的营业额不超过 500 亿美元。投资银行摩根大通则认为应增加 100 亿美元。但根据意大利高端企业协会的数据，1999 年全球奢侈品的营业额达到了 900 亿美元，而且据他们称，自 1995 年以来每年都会增长 30%。这一切都是因定义不同而产生的差异。

与所有处于成长阶段的产业一样，奢侈品行业也面临着一个痛苦的悖论：在增长的同时，它也在自我破坏。当奢侈品只属于非常富有的人时，它像这些富人一样，不受经济波动的影响。然而，随着奢侈品的普及和客户基础的扩大，虽然营业额增加了，但也变得更易受普通消费者的情绪左右。这种新情况反映在奢侈品销售与股市变化之间日益紧密的相关性上。至少在美国和亚洲，越来越多的人投资股市，并根据其投资组合的表现来调整消费。奢侈品不再孤立于象牙塔中，而是进入了竞技场，受到环境变数的影响。这要求对集团的管理进行颠覆性的变革。

奢侈品大集团虽然有着不同的产品模式，但在市场全球化的背景下，都面临着同样的财务现实：近年来，增长最为迅速的产品线是配饰和腕表。各大品牌的指令都非常简单：生产手袋、帽子、眼镜和腕表。约翰·加利亚诺每半年举办一次的奢华时装秀，首要目的是卖掉更多的迪奥手袋和眼镜。而且要快，因为上市公司的股东们，尤其是美国的养老基金，一向以缺乏耐心著称。

多元化还是灭亡？

　　既然通过销售包、腕表和眼镜能赚到更多的钱，为什么大集团还要频繁地耗费巨资举办昂贵的成衣和高级定制时装秀呢？原因很简单，配饰与时装（包括高级定制与成衣）是同一枚硬币的两面。内部增长依赖于多元化发展。时装屋或成衣品牌维持运营并资助奢华的时装秀的成本巨大，因此其必须涉足配饰市场，以追求更高的利润。

　　为了说明奢侈品集团的利润率困境，我们再次以古驰为例，这是一个通过 10 年的成功多元化成为行业典范的品牌。集团的毛利率因产品而异：成衣的毛利率仅为 53%，手袋为 71%，而腕表则高达 80%。对从事时尚行业的那些传统企业来说，这种诱惑是不可抗拒的。

　　迪奥的案例极具启示性。为了扭转成衣销售不佳带来的颓势，品牌成功进军饰品领域，而这些饰品的售价与制造成本的比率可以达到惊人的高度。

皮具品牌则面临完全相反的问题。尽管它们享有可观的利润空间，却有可能因缺乏活力而逐渐萎缩。它们最需要的是可见度。就一个手袋品牌而言，无论进行多少广告宣传，手袋依然只是手袋，没有生命，也没有灵魂。在奢侈品这样竞争激烈的市场中，默默无闻意味着死亡。制作成衣可以通过免费的媒体报道为品牌树立形象，从而减少广告支出。时尚能够周期性地重塑品牌的吸引力，包括行李箱或马鞍这类非周期性产品。成衣能够为品牌定调，统一品牌的外观和"生活方式"，决定大众对品牌的认知度。这不仅能创造新的、更为个人化的客户关系，还能更好地为本地客户服务（与那些更愿意购买配饰的游客不同）。

早在20世纪90年代初，古驰就围绕以下理念展开了复兴计划：为了卖出一只古驰手袋，让它由一位裹着古驰皮草大衣的裸体女性来展示。服装和穿着它的女性赋予了配饰所缺乏的生命火花。在刚刚过去的10年里，成衣在古驰的重要性从未动摇。路易威登、思琳（Celine）、罗意威和葆蝶家（Bottega）等品牌也纷纷效仿。在短短几年内，成衣从无到有，逐渐占据了一些皮具品牌的重要市场份额：在普拉达占比25%，在爱马仕占比15%，在古驰占比12%。

从某些方面来看，奢侈品集团迈向时尚领域的多元化发展取得了惊人的成功。尽管古驰和普拉达在这一领域刚刚起步，但今天它们已是成衣界的正式一员。可以毫不夸张地说，汤姆·福特和缪西娅·普拉达这两位出身于手袋领域的创意人士，如今已跻身全球最具影响力的设计师行列。

但千万不要以为多元化是一门简单的艺术，对其必须要仔细衡量。如果一家手袋和鞋履制造商贸然涉足时尚领域，其知名度所带来的优势可能很快就会被"时尚风险"所抵消，这是由于大众喜好的多变性，以及很难找到有足够天赋的设计师来不断更新自己。这种多元化的成本也不容忽视。要销售成衣，需要更大的店铺，因为衣服占用更多空间；还需要更专业的销售人员，因为卖一件衣服比卖一只手袋要困难得多。

目前，除了香奈儿，还没有任何时装品牌能够建立起独立的配饰系列，而不只是将配饰作为成衣的补充。同样，刚刚收购了伊夫·圣罗兰、亚历山大·麦昆的古驰和收购了吉尔·桑达、赫尔穆特·朗的普拉达还没有证明它们有能力为新收购的时尚品牌开发出一条成功的配饰产品线。

路易威登
在超高速增长中的齿轮

再过 4 分钟，就到早上 10 点了，富凯（Fouquet）餐厅的服务员开始收拾早餐的餐桌。透过餐厅雾蒙蒙的玻璃窗，顾客们很难不注意到对面乔治五世大道上越来越多的人群。50 多人冒着雨，坚韧地等待着香榭丽舍大道上的路易威登店开门。他们被朋友催着一大早就赶来了，觉得这样才比较保险。那些中午后才到店的客人，要等上好几个小时，销售员才有空接待他们。

每天都是如此！这家店靠近世界上最受欢迎的纪念碑之一——凯旋门，对外国游客更具吸引力，因此总是围满了人。人们或许会认为，香榭丽舍一直以来都是奢侈品大道，而事实恰恰相反，路易威登的这个赌注充满风险。在 20 世纪 90 年代中期，很少有人认为在这条满是电影院、麦当劳和药店的喧闹街道上开一家奢侈品店会取得成功。此后，香榭丽舍大道经过全面整修，重现高雅风貌，而路易威登的生意如此兴隆，只得在圣日耳曼区另开新店以缓解这家店的拥挤状况。

香榭丽舍大道上的路易威登专卖店，采用最新的商品陈列技术装饰橱窗，内饰风格简约，不喧宾夺主，堪称 21 世纪奢侈品的完美典范。这家"全球旗舰店"提供品牌的全系列产品，是一家名副其实的中小型企业，拥有 80 多名员工，年销售额达 6 亿法郎。最具时尚格调的是，管理这家店的竟然是一位年轻的理工学院毕业生。

每天的顾客都络绎不绝，商店每晚都会提前关门，以便更加从容地接待顾客。在这里，每位顾客都能得到充分的关注。因为销售人员不会从销售额中抽取丝毫佣金。效率是有的，但不强调过度追求效率。路易威登的秘诀在于将奢侈品产业化而不流于庸俗，创造了商业上的小奇迹：在世界上最赚钱的奢侈品跨国公司中营造出一种温馨的工匠精品氛围，管理精确且高度信息化。作为 LVMH 集团的摇钱树，路易威登已经成为奢侈品行业的绝对标杆。即使是表现令人赞叹的古驰，其利润也只有路易威登箱包营业利润的 46%。

在这里，销售人员的另一项任务是：在必要时揭穿那些代表秘密零售商前来购买的假顾客的真面目。水货市场是一个永恒的话题。一件商品脱离与它相应的价值和背景而被出售，对公司的奢侈品声誉来说是一种威胁；对品牌而言，则构成了真正意义上的战略威胁。

大家都了解路易威登的历史吧。1854 年，从汝拉山脉来到首都的年轻人路易威登开始为上流社会设计旅行箱，以适应新兴的个人旅行方式。与马车时代相比，这些行李箱要承受更多的压力，他希望加强其耐用性，并阻止模仿者的出现。路易的儿子想出了用印有"LV"字母的涂层帆布覆盖箱子的主意，于是，带字母图案的帆布诞生了，并注定迎来光辉的前景。

在两条大道交会处的 LV 专卖店外排队的人们还不知道，并不是人人都能买到商品。2000 年初秋，LV 产品需求量如此之大，以至于生产跟不上，热卖商品在货架上经常显示缺货，有段时间 LV 水桶包甚至完全断货。这是超高速增长的代价！健康的全球经济和廉价的欧元促进了奢侈品的销售。路易威登的销售似乎有些疯狂。从 1977 年的 1 亿法郎增长到 1995 年的 74 亿法郎，再到 2000 年的 163 亿法郎，显然超过了排在它后面的 4 个品牌销售额的总和！而且 LV 的增长速度比它们中的任何一个都快。如今，皮具部门为 LVMH 集团贡献了约一半的利润。新店开张的速度异常迅猛。虽然具体数字很难统计，但可以说，到 2001 年，LV 在 43 个国家拥有 280~290 家店铺，甚至将店铺开到了遥远的越南！

LV 的商业模式鼓励这种急速扩张。这种模式建立在对生产线100% 控制的基础上。所有的 LV 产品，无一例外都在 LV 专卖店销售。因此，利润全都进了公司的口袋。每一家新店都可以变成摇钱树，前提是能够提供无可挑剔的 LV 产品。因此，需要迅速培养皮具工匠，开设新的工厂。到 2001 年初，产品的生产水平低于需求的近 30%，导致库存严重不足。在大西洋彼岸，供货不足的情况也很常见。尽管公司会在美国生产一些手袋——这稍微违背了"法国制造"的宗旨——但在 2001 年 3 月，纽约苏荷区的专卖店里已经找不到斯特芬·斯普劳斯（Stephen Sprouse）设计的"涂鸦"手袋了，甚至连等候名单也已经满员。

这个小奇迹的缔造者名为亨利·拉卡米耶。亨利·拉卡米耶是路易威登的董事长，也是路易威登的第四代传人的丈夫。20 世纪 70 年代中期的某一天，为了严格保证产品质量，不再继续将利润分给代理商，他决定停止批发销售自家工厂的皮包和皮箱，转而在自己的专卖店进行零售。他明白，自有网络是制造商获得真实、未经过滤的客户信息的唯一途径。

这种完全垂直整合的模式花了大约 20 年的时间才成为所有奢侈品集团不可或缺的标准。毋庸赘言，1990 年，当伯纳德·阿尔诺通过奢侈品行业历史上最残酷的恶战将拉卡米耶逐出 LV 之后，他也未对这一策略做出任何改动。

日元的波动

再过 4 分钟，富凯餐厅的时钟就要指向早上 10 点了。仔细看，可以更清楚地看到在 LV 专卖店前等候的人群。他们不仅人数众多，而且清一色全是亚洲人，其中相当一部分是日本人。有些人专程而来，就是为了在凯旋门旁这家全球最负盛名的旗舰店里购买一只印有 LV 标志的帆布包，其价格比在东京买便宜得多。路易威登不仅是一种全球现象或法国现象，它还是一种日本现象。

2000 年，尽管 LV 为抵消与欧洲的汇率波动进行了两次降价，其在日本的销售额依然突破了 1000 亿日元大关，这是 LV 进入日本以来的首次突破。可以看出日本市场对品牌有多么重要。事实上，对 LVMH 集团时装和皮具部门的主管伊夫·卡塞勒来说，路易威登不仅仅是一个品牌：

"我们已经成为日本的一个机构。"

以至于在经济危机期间，路易威登的市场份额还在增加，仿佛这个品牌在日本被视为一种避险资产。或者，这是否因为"LV"这两个字母的缩写诞生于法国社会热衷东方文化的时期，如今在日本的集体心理中产生了共鸣？

在巴黎，日本游客甚至不惜违反法国法律，在人行道上雇佣路人，将一沓钞票塞进他们手中，让他们帮忙再买多一只手袋，因为店铺的销售人员以断货为由，礼貌地拒绝卖给他们第二只手袋。

2001年初春，瑞士历峰集团（全球第二大奢侈品集团，仅次于LVMH）的一位高管在香榭丽舍大道的LV专卖店门前，被一位日本人拦住，往他手里塞了几千法郎，请求他进去帮忙买一只手袋，并承诺支付200法郎的小费。这位高管礼貌地拒绝了。

这种现象着实令人震惊。日本女性对LV痴迷不已。在东京，有些少女甚至为了一只LV手袋而卖淫。没有任何一个品牌能像LV那样充分利用日本社会的特殊性：年轻女性即使有工作，在结婚前仍要住在父母家，因此在很长一段时期，她们有很多钱可以花在奢侈品上。这些用于奢侈品的可支配收入每月可达1万到2万法郎。所有品牌都对这笔钱垂涎欲滴。

世界各地的奢侈品专卖店都在培训销售助理，让他们掌握接待日本顾客的精妙技巧。第一课：当日本客人进店时，如果客人对热情欢迎没有回应，不要感到被冒犯。因为在日本，人们已经对商店里销售人员频繁的微笑和鞠躬习以为常，以至于视而不见了。第二课：当客人们在店内走动时，不要跟随，但要站在他们的视线范围内，以便客人转身时能及时回应。在日本，销售人员数量更多，如果顾客突然发现自己独自一人无人搭理，他们会感到愤怒。

在东京，顾客不是国王，而是上帝。他们也是世界上最了解奢侈品的消费者，在日本，全球奢侈品牌的价格比较指南随处可见。培训中还提到，日本顾客很注重气氛，尤其对销售员之间的紧张关系十分敏感。自相矛盾的是，尽管日本男性似乎将妻子视为顺从的奴隶，但掌握钱袋的仍是妻子。

还有一个小小的忌讳：他们讨厌数字4，因为这代表死亡（发音相近）。展示或包装时千万不要将商品和数字4扯上关系。与此相反的是，在日本，金钱并不是禁忌，来巴黎的日本游客几乎都随身携带计算器。销售员完全不用担心谈论价格。

日本游客有大把钞票，但因为在巴黎停留的时间有限，所以他们压力很大。因此，用"Dozo"（意为：请）或"Ikaga Desca"（意为：您觉得怎么样？此处为"法式"日语，主要用于沟通，并不标准。——译者注）让他们感到舒适至关重要。另外，要注意文化差异。尽管日本女性顾客为自己的文化感到自豪，但她们对欧洲女性的"自然优雅"常常心怀自卑，不要做出任何可能凸显她们身材矮小或脚型短胖的举动。与欧洲女性相比，日本女生身材矮小、脚型矮胖通常是事实。为了营造气氛，圣奥诺雷郊区和蒙田大道的一些店铺会为顾客提供茶饮，有时甚至会在销售过程中提供香槟。

此外，女销售员别忘了，日本男性非常喜欢西方女性。当日本男性为在日本的妻子或姐妹挑选礼物时，建议女销售员亲自试穿衣服，这几乎能保证成交。

总之，在所有影响全球奢侈品行业的宏观经济因素中，最重要的无疑是日本游客的购买力。这又与日元的汇率密切相关。奢侈品公司非常关心日元的走势。当日元坚挺时，日本人能以较低的成本出国旅行，并以远低于日本国内的价格购买奢侈品。同时，疲软的法郎、里拉，现在是欧元，甚至瑞士法郎，也对这些奢侈品公司有利，因为奢侈品公司的生产成本都是以这些货币计价的。

越来越多的学者对亚洲旅游业的未来进行了深入研究。专家称，2000年至2010年，游客人数将翻一番，2020年将达到4.05亿人。他们甚至认为，日本游客每次旅行的平均花费为1823美元！

对于奢侈品集团来说，当务之急就是向日本游客偏爱的目的地靠拢、聚集。在美国夏威夷，95%的奢侈品被前来度假的日本人买走。中国香港是另一个重要市场，其他必选地点包括韩国和新加坡，以及美国的西海岸、拉斯维加斯，还有伦敦、米兰和巴黎等大都市。

1998年，在亚洲金融危机最为严重的时候，全球日本游客数量减少了近6%，这在奢侈品集团和股东中引发了极大的恐慌。最盈利的公司往往也是最依赖日本游客的公司。LV的营业额中有40%来自亚洲游客，而古驰的这一比例为25%，宝格丽为17%。

20世纪90年代的最后几年，这些公司的日子很不好过。从

1996 年初到 1998 年夏，日元对美元贬值了 50%，这些公司的股价一落千丈。而一旦日元回升到 1 美元兑换 120 日元以下，股价就反弹了。

一些品牌，如古驰，通过对日元的汇率波动进行对冲来保护自己。简单来说，它们通过购买外汇期权来对冲风险，例如，拥有在特定日期以 110 日元兑换 1 美元的权利，即使那时日元已经跌到 120 日元兑换 1 美元。当日元贬值时，奢侈品市场也会随之缩水。只有那些以高价在日本站稳脚跟的品牌才能做得风生水起。当日元贬值时，奢侈品在日本的价格与在中国等地的价格差异缩小，日本消费者在国内购买的顾虑就会减少。

在逻辑上，日元贬值对那些日本游客在旅行中最愿意购买的产品影响最大：丝巾和手袋。而相反地，成衣——因为不是在机场购买的商品——在汇率危机中表现得更好。

从某种程度上说，日元塑造了奢侈品市场。

持续的集中整合

在奢侈品大战中，各大集团的策略是将尽可能多的品牌纳入麾下。伯纳德·阿尔诺在 20 世纪 90 年代掀起了这股趋势，不断收购品牌，似乎永无止境。1999 年，他对古驰的收购以失败告终，这是他在此类行动中的首次失利，阿尔诺对此极为不满。从那时起，兼并与收购的风潮便一直如火如荼地进行着，至少在 2001 年春全球经济增长放缓的初期是如此。

米兰顾问卡洛·潘比安科（Carlo Pambianco）统计，1999 年有 122 个品牌易主，而前一年只有 59 个。尽管 2000 年节奏有所放缓，但势头仍然强劲。猎物众所周知，而捕猎者名单也几乎不变：LVMH 和历峰这两大集团，以及古驰和普拉达这两家中型企业。剧本大同小异，不同的只是竞争的激烈程度和价格的不断攀升。随着有诱惑力的猎物越来越少，这些品牌在被收购前，往往会大幅抬高要价，有时甚至达到天文数字。通常在创始人交接班时，这种情况尤为突出。许多品牌诞生于20世纪60年代和70年代，创始人现在希望以尽可能好的条件交接班……

家族企业一家接一家，占主导地位的集团四处出击。有一种预设既简单又准确：最大的集团终将胜出。这个推理似乎无懈可击。集团每增加一个新品牌，在生产、物流和分销上的规模经济效应就更显著。对于奢侈品集团来说，在世界上最大的城市的最豪华的街区开设店铺，必须进行巨额的房地产投资。如果一个集团能够在同一地点开设五六个品牌的专卖店，与房东的议价能力就会大大增强。了解奢侈品街区租金水平，这绝非细枝末节。在纽约麦迪逊大道，1平方米的年租金为5400美元；在香榭丽舍大街或香港铜锣湾，年租金超过4000美元。难怪各大集团积极推动新奢侈品区的开设，如巴黎的圣日耳曼和纽约的苏荷区，这是为了满足新客户的需求吗？毫无疑问，但优厚租金的吸引力也起着决定性作用。苏荷区的租金是麦迪逊大道租金的三分之一。

同样的逻辑也适用于与分销商的关系，尤其是当在美国面对像萨克斯第五大道百货公司、波道夫百货公司和尼曼·马库斯（Neiman Marcus）百货公司这样的高端连锁店时。多品牌集团不仅能在谈判中获得更有利的利润空间，还能为产品争取到更好的展位和促销活动。

最重要的一点是：一个集团集中了更多品牌，就可以在广告宣传上节省开支。品牌数量的增加与集团在媒体广告圈影响力的提升成正比。考虑到广告宣传的成本，这是一项关键的收益。

以 2000 年为例，得益于最新的收购，LVMH 集团在杂志和报纸上的广告费用相比 1999 年减少了 20%。当然，这种广告谈判的操作空间与向记者施压的能力是相辅相成的，并非所有编辑部都能扛住这种压力。

品牌集中化还有另一种解释。奢侈品公司相互收购，是为了摆脱企业发展目标与奢侈品特性之间的基本矛盾。现代企业需要发展壮大，但奢侈品本质上是排他的，不可能无限发展，否则就有毁掉品牌形象的风险。内部增长是有限的。当奢侈品品牌的营业额接近 10 亿美元时，品牌就会开始有所忌惮。突破这一财务和心理关口后，品牌就需要寻找新的起点，但又知道无法卖出更多产品。如果有能力，解决方案是放缓旗舰品牌的增长速度，然后控制较年轻的品牌，最好是管理不善的品牌，因为它们蕴藏着巨大的增长潜力。

幸运的是，这种收购欲正好解决了大型高端品牌的主要"问题"：过多的现金流。像斯沃琪、爱马仕或古驰这样的公司利润丰厚，净现金流若不加利用，反而会成为一种负担。到 2000 年底，古驰的净现金流超过 20 亿美元，占集团市值的五分之一。

还有更典型的例子。1999 年，历峰集团出售了维旺迪（Vivendi）的股份和烟草部门，获利超过 90 亿美元。这些巨额现金该怎么处理？找到一个安全的投资项目，每年赚取 6% 的收益？像养老基金这样要求 10% 以上利润率的集团股东肯定会当面嘲笑多梅尼科·德索莱或约翰·鲁珀特（Johann Rupert）。这些股东希望——实际上是要求——通过收购来确保长期利润增长。这就是为什么爱马仕收购了让-保罗·高缇耶35%的股份，后者被收购后在2005年前又开设了大约15家新店。

管理者和股东之间并不总是意见一致。众所周知，为了说服多梅尼科·德索莱收购圣罗兰品牌，PPR集团不得不对古驰施压。一开始，德索莱反对收购，因为这将使集团多年的业绩受到拖累。

确实，一次明智的合并可以为参与其中的品牌带来巨大的协同效应。圣罗兰被古驰收购后，从古驰那里学会了如何开发皮具和腕表系列。在收购塞尔吉奥·罗西（Sergio Rossi）之后，古驰正好可以请这位鞋匠为圣罗兰设计鞋子。

那么，一个品牌能发展到什么程度呢？关于奢侈品牌的"最大规模"或"品牌潜力"，即在不被稀释的情况下可以达到的销售水平，专家们一直在争论不休。无疑，这一切都与管理和多元化相关。分析师们常常提到的经典案例是路易威登。2000年，LV的营业额达到163亿法郎，是世界上规模最大和最赚钱的奢侈品牌之一。然而，它在成衣和鞋类方面的多元化才刚刚起步。此时的路易威登尚未涉足香水、腕表和珠宝市场。总之，它的"品牌潜力"还远远没有发挥出来。

品牌构造理论

　　无休止的品牌集中是一把双刃剑。尽管各大集团努力保护每个品牌的个性，但统一化和品牌间的互相蚕食始终是难以避免的重大风险。当全球媒体认为汤姆·福特负责的首场圣罗兰成衣秀表现出色，但"有点太古驰"时，问题的核心就暴露无遗。当古驰收购圣罗兰并决定让同一个设计师负责这两个品牌时，就已经做了一个充满争议的重大战略决策。集团收购一个状态不佳的品牌时，自然会尝试将其营销和管理程序应用于新收购的品牌，要做到这一点，它不可能不打上自己的风格"烙印"，而这是极其危险的。如果两个品牌在公众心中过于相似，其中一个必将消失。这就是有关品牌构造的无情现实。

　　这个问题会引发一个更大的问题：如何避免一个品牌在创意不足的情况下生存？要重振一个低迷或过时的品牌，需要大量的智慧和相当多的资源。在这方面，汤姆·福特领导下的古驰无疑是过去十年中最伟大的复兴案例。

如今，为了拯救一个品牌，我们经常会请"形象专家"来助力其在激烈的竞争中进行重新定位。在广告界的术语中，这些专家被称为"品牌战略师"。

20 世纪 80 年代，我们仍生活在工业时代，产品和产地是企业的核心。从那时起，奢侈品和时尚业与其他领域一样，进入了信息和通信时代。战争的关键不再是产品本身，而是其"意义"。于是，品牌成为唯一能够为产品注入意义的元素。品牌围绕产品构建一个感官网络，旨在吸引并留住客户的注意力。解释变得至关重要。消费者需要深入了解选择某一品牌的必要性。为了占领市场，产品的内在品质仅仅是意义链条中的一环，重要的是品牌能够与客户构建某种联系。目标不再仅限于在有限的时间内卖出产品，而是围绕产品形成一个社区，一个"部落"。广告史无前例地成为征服大众最好的武器。掌控了意义，也就获得了权力。这正是品牌战略师发挥作用的地方。他们必须有效回答一个所有品牌迟早都会提出的问题：我是谁？品牌战略师像考古学家一样深入挖掘品牌的历史档案，寻找可称之为"基因代码"的东西。只有这样，才能在不背叛或毁灭品牌的情况下让它焕然一新。需要注意的是，公众能够本能地感受到品牌的独特内涵，所以任何改变都必须非常小心。

找到基因代码？说起来容易做起来难。必须挖掘出最基本的组成部分，也就是创始人——创造者——通常已经消失，且只有他自己知道或许从未用文字表述过的要素。归根结底，这一切都取决于创始人所做的工作。像香奈儿这样的品牌，深入品牌灵魂相对容易，因为可可·香奈儿掌管公司数十年，有足够长的时间将简单而强大的代码铭刻在品牌中，这些代码被卡尔·拉格菲尔德不断加以更新和延续。有条不紊、一丝不苟的香奈儿一劳永逸地破解了自己的品牌密码，并将这些代码以书面形式传承下来。然而，对于其他品牌来说，则需要摸着石头过河。对于迪奥这样的品牌，这项工作要艰巨得多，因为其创始人掌管公司的时间相对较短，只留下散漫、模糊、难以捉摸的印记。这就是为什么策略咨询公司需要同时扮演精神分析师、社会学家、历史学家的角色，如果他们足够出色，那么，有时还要充当预言家。

一个陷入困境的品牌可以不断对自身形象进行小修小补，但最多只能延缓死亡。要使一个品牌生存下去，实现营业额增长，品牌战略家们必须进行更精妙的思考，跳出产品的现实层面，进入代码的世界。这些代码是潜意识的信息，虽然看不见，但人们能够清晰地感知到。一旦品牌找到了这些代码——新奢侈品哲学家所说的"单一性的准则"，它的生命就会发生根本性的变化，它将从这一刻起与其他品牌区别开来。

品牌的理论就是如此，与实际情况自然会有出入。面对"我是谁"的问题，奢侈品或时尚品牌不愿意接受答案。由于因循守旧，他们担心如果真的成为独特的自己，反而会脱离大众市场。他们还担心这一答案会扰乱他们有些陈旧的管理体系。因为一旦发现了"品牌逻辑",该由谁来负责呢?从工业时代继承下来的垂直管理结构并不能解决这个问题。负责品牌逻辑的职责本质上是横向的,可能需要设立一种"意义主管"的职位,而实际上,任何奢侈品品牌都不存在这一职位,而且短期内也不太可能设立。谁应该对意义负责?这个问题一直困扰着奢侈品品牌的掌门人。如果没有更好的办法,就只能由董事长来解决这个问题,但他们并不总是具有足够的判断力或才华。即使再有天赋的设计师,也应该只是品牌逻辑中的一个"齿轮"。然而,通常却是由他们来定义并体现品牌的意义。约翰·加利亚诺便是这样成为了迪奥的全权掌控者。

你没看到迪奥的
基因代码？

1996 年，詹弗兰科·费雷离开了迪奥，这个他苦涩地称为巴黎时尚"小剧场"的地方。重返意大利令他略显伤感，他很清楚自己并未完全实现目标。7 年前，他取代了执掌迪奥 30 年的马克·博汉（Marc Bohan），但并未带来震撼人心的作品。迪奥公司大大精简了业务，逐一清理了非战略性的经营许可，也实现了管理现代化，但品牌却岌岌可危。曾经的辉煌正渐渐褪去，变得黯淡。它过于平滑、过于经典，仿佛陷入了某种倦怠期，一种一成不变的庄严。以至于整个时尚圈中都充斥着这样的质疑：自 1947 年迪奥先生推出时尚史上堪称非凡的"新面貌"系列以来，在迪奥，还发生过其他值得一提的大事吗？

答案并非显而易见。伯纳德·阿尔诺早在 8 年前就爱上了迪奥，他隐约感觉到品牌需要进行彻底突破，需要摆脱可能致命的矛盾。作为欲望和崇高的象征，迪奥注定要统治世界，绝不能自甘平庸。但谁能让它重回王位呢?他环顾四周,认为自己别无选择。纪梵希的设计师约翰·加利亚诺就是他要找的人。于是他把加利亚诺从纪梵希挖走,即使这会激怒 LVMH 的股东,他们并不愿意将这一"资产"转移到迪奥的账本上。但阿尔诺很嚣张,他可以为所欲为。

于是,加利亚诺入主迪奥,准备发动革命。1998 年 4 月,伯纳德·阿尔诺任命兰姿(Lancel)前董事长西德尼·托莱达诺(Sidney Toledano)执掌迪奥,大刀阔斧的改革就此开始了。但正如苏格拉底常说的那样,要想改变,就必须先了解自己。阿尔诺、加利亚诺和托莱达诺,在巴黎品牌战略咨询公司 Contrepoint 的建议下,开始追寻"迪奥主义"的根源。这并不容易,因为克里斯汀·迪奥在 1957 年将他的代码秘密——迪奥女士使用说明——带进了坟墓,他的所有继任者都在与这个谜题苦苦搏斗,其中就有马克·博汉,他曾愤怒地说:

"迪奥陷入了不断改变设计风格的陷阱。"

到了 20 世纪 90 年代中期,加利亚诺到来时,品牌形象犹如一面破碎的镜子。每个细分市场对迪奥都有不同的定义,这些定义最终在公众中引发了混乱。客户群体传递出相互矛盾的信号,他们认为迪奥是"神话般的""神奇的""绝对的",可能是因为他们受到迪奥、上帝、金色的相关联想的影响。然而,一位富有的美国女士给蒙田大道敲响了警钟,她说:

"迪奥?我已经不关注这个品牌了!"

在公司内部，自豪感依然存在，但对老化的恐惧是显而易见的。迪奥也担心逐渐被美国和意大利的品牌所取代，这些品牌虽创意不及迪奥，但善于与顾客沟通，知道如何激发女性的"占有欲"，而这正是市场总监们所关注的。

在法国，高级时装品牌充满诗意和超强的创造力，但它们往往忽视了教育客户的使命，设计师们常常退居幕后，如伊夫·圣罗兰，隐居在他那高不可攀的"奥林匹斯山"顶，将品牌带入一种近乎宗教般的漩涡，与这个世界的现实日益隔绝。

对于西德尼·托莱达诺来说，当务之急是让迪奥与顾客重新建立连接。但应该怎么做呢？可以简单地更换一下蒙田大道的橱窗，但这个办法已经试过无数次了……这次则需要深入挖掘，沉浸在创始人的文化和知识世界中，克里斯汀·迪奥在 20 世纪 20 年代和30 年代深受超现实主义流派的影响。这个流派极其富有内涵，为了对抗功能主义和军国主义而生，反对千篇一律。迪奥品牌的基因中就蕴含着这种反叛精神，它所承载的是一种创新、解放女性的理念。

通过欣赏那时的绘画作品、阅读那时的书籍和诗歌，我们便可以更准确地确定超现实主义者想要释放的东西：

女性身上所表现出的矛盾特质，既是圣女又是女巫，既温顺又叛逆，既优雅又感性。穿着迪奥，意味着变身为一位优雅且不羁的女性，充分体验女性本质的甜蜜幻想。

这一理论需要与时尚消费者进行对照。于是，1999 年，

Contrepoint 汇集了一些"符号投射"小组，对品牌传递的价值观进行评估。这是一次精心安排的评估，因为其结论可能关乎数千万美元的投资。每个小组由 10 位品味和收入接近迪奥品牌的女性组成。她们由一家独立的招聘公司挑选，且年龄相同，以免因年龄不同而干扰研究。她们被带到一个房间，迪奥的经理们通过单向镜观察她们。然后，她们被分成 2 组，每组 5 人，每组有一张桌子和一叠杂志，包括女性杂志和其他类型的杂志。

从这一刻起，每个小组有 30 分钟的时间，通过拼贴照片来尽可能地表达她们对迪奥女性形象的看法。在半小时内，她们将变成这名女士，体会她的梦想。指示非常严格：不要阅读！不要思考！时间一到，有点类似迪奥纹章的拼贴画就会被撕下来，交给一位符号学家进行解读。他的任务是从中推断出品牌传达的价值和女性形象，从而决定品牌可以进入的市场。此时，形而上学被转化为营销和传播项目。

拼贴作品明确地表明：迪奥必须让她的客户相信，通过穿着，迪奥能够释放她内心蕴藏的智慧与疯狂的矛盾，但绝不能陷入庸俗，因为品牌的声望必须保护她。如果迪奥能保证在经典线条与"致命细节"、女性幻想与贵妇梦想之间取得平衡，那么她就会购买迪奥。如果女性知道，穿着迪奥的短裤、连衣裙或拿上迪奥的手袋，她们可以尽情地打破常规，那么品牌就能重拾其根植于超现实主义的动力，并能够在无风险的情况下"扩展其专业领域"，换句话说，就是推出新的配饰，增加销售额。

经过 1998 年至 1999 年长达 18 个月的研究，迪奥最终确定了这一战略："叛逆"。不过，Contrepoint 的董事长法妮·维拉古斯（Fanny Villagus）提醒说，这种优雅与叛逆的结合必须以幽默为标志，幽默是一条分隔不羁与粗俗的隐形分界线。斯坦利·库布里克（Stanley Kubrick）的遗作《大开眼戒》（*Eyes Wide Shut*）中的妮可·基德曼（Nicole Kidman）就是这类女性的代表：一位纽约上流社会的已婚女性，在传统、堕落、深沉和幼稚之间游刃有余。她极具"迪奥"气质。

这很好，但约翰·加利亚诺是怎么想的呢？

为"女同广告"开绿灯

1号板：两位女孩古铜色的身体闪闪发光。水和汗水的混合物既象征着热情和性，也呼应着她们因无声高潮而微张的嘴唇和陶醉的眼神。模特吉赛尔·邦辰（Gisèle Bündchen）穿着牛仔超短裤，坐着，裸露的大腿张开。站着的女孩把她的长腿缠在邦辰的脖子上，那只穿着克里斯汀·迪奥凉鞋的鞋跟深深地扎进她的大腿里。后者则报复般地抓伤了她裸露的脚踝。

2号板：交合。穿着裙子和牛仔外套的女孩像男人一样占据了主导，另一位女孩则像溺水者一样紧紧搂住她的脖子，张开双腿，脚上穿着克里斯汀·迪奥牛仔靴。

3号板：两位女孩的身体纠缠在一起。一只手滑入湿润的胸部之间，露出一只迪奥手袋。所有的肌肉都绷紧，仿若小提琴弦，手腕上有咬痕，嘴唇相互寻觅，快感正在流淌。

这些"牛仔"广告非常华丽。在"色情时尚"之后，迪奥刚刚发明了"高雅的女同"风格。

在 2000 年 2 月，约翰·加利亚诺是否做得太过火了？自从他与迪奥续约之后，他不仅仅是品牌的创意宠儿，还对广告、配饰、珠宝、精品店和商品陈列拥有最终决定权。在迪奥公司的董事长西德尼·托莱达诺的支持下，加利亚诺在公司中的权力一路攀升。起初，艺术家只负责高级定制和女装成衣，在 1998 年的一次东京之行中，加利亚诺设计并主持了一场面向媒体的迪奥之夜。从此，托莱达诺下放更多权力给他。如今，加利亚诺负责全方位打造迪奥的新形象。

加利亚诺从东京回来后，整个巴黎都在传他要离开的消息，这使他的身价飙升。而加利亚诺需要用迪奥支付的薪水来资助自己的品牌，因此他表现得非常贪婪。加利亚诺最不愿意听到的就是被传薪酬比亚历山大·麦昆低，后者是接替他在纪梵希工作的英国同胞。1999 年 7 月，双方律师经过详细核查后，迪奥和加利亚诺签署了一份新合同。西德尼·托莱达诺知道，这是一场豪赌。如果加利亚诺效应奏效，一切皆有可能。否则……毕竟没有什么品牌是不朽的！在政治上，成功并非毫无隐患。如果新版加利亚诺大获成功，谁还能控制他呢？1999 年 7 月的合同对迪奥来说是重新起飞的跳板，还是陷阱？加利亚诺辩解道，他并不想夺取权力：

"我经常被人称作朋克，说我是来破坏迪奥的，但我来是为了让迪奥重新'绽放'。"

"牛仔裤"广告是他的首次大规模尝试。照片由尼克·奈特

(Nick Knight) 拍摄，但场景由约翰设计，并由一位艺术总监协助。关于脚本，他只对托莱达诺说了一句：

"我们找三位女孩，让她们动起来……这将是纯粹的迪奥风格！"

这支广告在迪奥的传统客户群体中引发了轩然大波，整个迪奥高层必须使出浑身解数，极力证明这些广告绝不是在颂扬女同。Contrepoint 咨询公司负责迪奥品牌复兴战略，其董事长法妮·维拉古斯认为这次广告活动缺乏幽默感，太庸俗，完全不符合迪奥的风格，但她的反对意见被驳回了。托莱达诺力挺加利亚诺：

"这无疑是一种非常精致的感性表达，但绝不是为了表现女同。至少，这不是一支平淡无奇的广告！"

伯纳德·阿尔诺也表示全力支持。很久以前他就意识到，在时尚界，制造震撼效果至关重要。他同意投放这支广告。广告版面也购置完成，花了几千万法郎。决心已定，没有回头路了。

2000 年 3 月，全新的迪奥女性形象出现在世界各大城市时尚街区的墙面上。然而，老板的内心深处依然不安：这是不是一个错误的决策？阿尔诺苦熬了 3 个月，9 月的综合销售数据让他如释重负：销售额增长了 41%。6 个月后，销售额将再次飙升。"挑衅"效果极佳。整个巴黎都见证了这一幕。但有些人，甚至不仅仅是那些恶毒或嫉妒的人，不禁提出疑问：这种效果能持续多久呢？

当香奈儿 N° 5
追逐天使之际

"这一次，我真的觉得会重新超越他们……"

手里拿着一叠写满数字的文件，负责人努力保持语气的平静，带着香奈儿公司员工身上常见的矜持，她难掩自己显而易见的兴奋。办公室位于巴黎讷伊一栋不起眼的建筑的二楼，外面没有任何标志，与第八区康朋街那座豪华的总部相距甚远。内部设计中规中矩，功能齐全，仅此而已。只有摆在窗户下的文件粉碎机——象征着对工业间谍活动的恐惧——可能会让访客感到惊讶。据说，这条小街上的垃圾桶已经被不道德的竞争对手"光顾"过。80 年前，香奈儿就将保密工作奉为圭臬，时至 21 世纪初，命令依然是命令。毕竟，香水大战正如火如荼地进行着。负责人从文件中抬起头来：

"……至于 2000 年，我几乎可以肯定 N°5 香水会重新超越'天使'。我们将重回榜首！"

她错了。

在经历了多年的屈辱后，局面似乎终于有望扭转了。3 年来，数据一直显示："天使"遥遥领先，但最重要的是，"天使"每月的销量都是稳定的，而 N°5 则在平日销量稍逊，却在节假日期间激增。这意味着，虽然有更多的女性为自己购买"天使"，但在送礼物时，N°5 才是她们心目中的首选。这就是传奇的力量！然而，自 2000 年 5 月以来，情况似乎发生了变化。蒂埃里·穆格勒（Thierry Mugler）的明星香水"天使"的市场份额正在逐渐下滑，而 N°5 则呈现出轻微的上升趋势。难怪香奈儿的员工们会放下身段，争先恐后地查看赛科迪普（Secodip）排行榜，因为上面有每种香水在法国市场的份额变化。

自 1992 年"天使"问世以来，它的增长轨迹就像发射的火箭。并不是说它抢占了 N°5 的市场份额，毕竟两者风格差异太大。"天使"是琥珀花香木质香型——有些人称之为"美食香"——而 N°5 则是醛类花香型。但有一点是可以肯定的：作为一种创新香型的代表，"天使"已经在香水界占据了一席之地。尽管 N°5 的市场份额持续增长，"天使"在 20 世纪 90 年代中期还是追上了它。1997 年对康朋街来说是黑暗的一年，"天使"超越了 N°5。在形象之战中，"天使"赢了。蒂埃里·穆格勒成功地将其打造为现代女性的象征——漂泊、挑剔、匆忙。他让香奈儿的王牌产品显得有些过时。

和所有的历史遗迹一样，N°5 需要定期"擦拭"。自 1921 年以来，这款香水一直受到追捧。管理层禁止讨论销售额，但他们乐于讲述其非凡的历史。香水师厄内斯特·博（Ernest Beaux）曾四次被可可·香奈儿拒之门外——这就是 N°5 香水名字的由来。品牌为其付出了巨大努力，在格拉斯地区拥有自家茉莉花田，为实验室专供原料。为了推广香水，香奈儿投入巨资。凯瑟琳·德纳芙（Catherine Deneuve）和卡罗尔·布盖（Carole Bouquet）都曾为这款香水代言，玛丽莲·梦露（Marilyn Monroe）坚称她睡觉时只"穿"N°5。我们相信她说的是实话。香水瓶已成为一种标志，任何一点细微的修改都要经过数月的深思熟虑。它必须永远保持现代、简洁的风格。年复一年，香奈儿竭尽全力，以确保 N°5 不会遭遇像帕图的"喜悦"香水那样的悲惨命运——因失去活力而跌下神坛。坦率地讲，能做的都做了！

然而，在经历了多年不无傲慢的统治之后，香奈儿不得不重新学习谦逊态度和应变能力。这是一场真正的文化革命，最终带来了高达数十亿法郎的销售额。

1994 年，变革的机器开始运转。穆格勒效应被仔细剖析，市场调研秘密展开，诊断结果非常明确：采取行动，越快越好。1996 年，作为第一波回击，香奈儿推出了"魅力"，这款香水很快进入法国排行榜的前五名。穆格勒的压力在增加，但还不够。以艺术总监雅克·海勒（Jacques Helleu）为首的香奈儿智囊团，开始加紧筹划。他们记得安迪·沃霍尔（Andy Warhol）曾多次在他的作品中描绘 N°5 的瓶子。一年间，N°5 的包装从黑白变为沃霍尔版画的颜色。

一场庞大的宣传造势配合着这一疯狂的大胆尝试。在自愿被双色调的冰冷风格束缚近 70 年后，这一创举在香奈儿内部被视为一种解放，但在巴黎高端香水市场上引起了巨大的轰动：香奈儿的人疯了吗？

戴高乐大道另一侧，近在咫尺的蒂埃里·穆格勒香水公司，董事长薇拉·斯特鲁比（Vera Strubi）非常清楚，反攻已经开始。

她判断得很准确。紧接着，带有双"C"标志的品牌投身于喷雾器的冒险之中。所有专家都知道：80% 的女性使用喷雾器。香奈儿的工程师和设计师们立刻迎接这一关键的挑战：将经典的瓶盖与喷雾器结合起来。他们最终成功实现了这一目标。

1999 年，蒂埃里·穆格勒做出两个回应。第一，推出一系列沐浴产品。第二，推出一款新产品——"纯真天使"，香味清淡，这无疑是为了巩固他在美国市场的地位。化妆品领域再次战火重燃。穆格勒屈服了，但并未倒下。

1999 年底，赛科迪普的判决结果出炉：在市场份额方面，"天使"占 4.5%，N° 5 占 4.3%。这个差距看似微不足道，但在一个高度分散的市场中，没有任何香水的市场份额能超过 5%，这点差距其实非常重要。N° 5 正在回升，一场激烈的争夺战即将展开。康朋街的香奈儿团队露出了残酷且满足的笑容。这些数据意味着，"纯真天使"可能因为在法国消费者心中造成了一定的混淆，而没有赢得预期的客户群。太好了！而且，香水护理产品线并未打动人心。这种困惑从 2000 年春季开始，导致"天使"的市场份额逐渐下降。

对香奈儿来说，是时候大干一场了。艺术总监雅克·海勒从女性的生活中寻找灵感。新一代消费者是"游牧族"。为了赚钱，香奈儿不仅要占领她们的浴室柜架，还要攻进她们的手袋，和手机放在一起。于是，新的挑战来了：便携式补充装喷雾器。尽管 45 毫升的便携式补充装与 50 毫升的"固定"瓶装的香水定价一样，但不可否认的是，它取得了成功。进步的步伐是无法阻挡的⋯⋯

然而，喷雾器并未带来预期的战略突破，没有把穆格勒彻底击垮。那就留待下次机会吧。但愿到时候资金充裕，能够支持雅克·海勒的下一个创意。

香水："精神的创作"

从表面上看，1999 年 9 月 24 日，星期五，似乎并不是什么重要的日子。

然而，在巴黎商业法院第 15 庭前，香水的历史很可能在这一天被改写。

乍一看，这起案件再普通不过了。工业侵权诉讼每天都在发生。从古至今，各家公司都热衷于相互模仿，而司法系统则力求在它们之间维持一种表面的道德规范。

但在这个星期五，较为特别的是对阵双方的身份。蒂埃里·穆格勒香水公司是化妆品巨头娇韵诗（Clarins）的全资子公司，总部位于巴黎讷伊，该公司指控总部位于格拉斯的茉莉娜公司（Molinard）抄袭其旗舰香水"天使"。"天使"是穆格勒唯一的女性香水，推出 8 年以来，销量增长非常显著。自 1992 年诞生至 1999 年，穆格勒香水的年销售额达到了约 6.5 亿法郎。

　　“天使”是一款真正的创新产品，在香水界，这种情况并不常见。穆格勒大胆地在香水中引入棉花糖，开创了“美食型”或“东方美食型”香水的潮流。尽管在当时受到了正统派的嘲笑，可是，事实证明，这款香水在法国市场以及欧洲大部分市场上，击败了曾经难以撼动的香奈儿 N° 5。总之，经过 608 次尝试才成功研发出来的“天使”，已成为这个竞争激烈的市场上一颗冉冉升起的新星。追逐战开始了。

　　让我们回到 6 年前，1993 年。在“天使”香水问世几个月后，有着悠久历史的茉莉娜公司推出了一款名为“尼玛拉”（Nirmala）的香水。销售员和顾客很快注意到，“尼玛拉”和“天使”有着令人惊讶的相似之处。仔细品味，便可以在“尼玛拉”中闻到棉花糖、浓郁的“巧克力香调”，以及蜂蜜和焦糖的味道，而其价格却只有“天使”的四分之一。以至于在一些中档专卖店，店员更倾向于推荐“尼玛拉”而不是“天使”。后者的价格确实受制于其独特蓝色星形玻璃瓶的高昂制造成本。对于那些受到“天使”广告的蛊惑，渴望成为“迷人女神”，但又无法负担 400 多法郎的女性来说，“尼玛拉”是一个颇具吸引力的替代品。但这算抄袭吗？

　　在法庭上的这场辩论关系到法国香水业的未来。法国是全球最具活力的香水市场之一。这将决定香水市场是走向美国模式，即允许复制品在市场上合法存在，或者相反，法律朝香水创作者倾斜，给予他们与思想创作者相同的权益？

　　最近一次类似的事件要追溯到 1976 年。当时，审理德莱尔香水（Parfums de Laire）与罗莎（Rochas）公司诉讼案的法官们相对保守，仅仅表示原则上没有任何理由反对通过版权法保护香水。但当时罗莎公司犯了一个致命错误，称其香水为"发明"。这种不幸的措辞选择暗示香水类似于科学发现。而实际上，与制造新分子等科学发明不同，香水并不是真正意义上的"发明"，因此不可能通过专利来获得认可。这条路在法律上是死胡同。

蒂埃里·穆格勒公司的董事长薇拉·斯特鲁比非常了解这一历史，她不想犯同样的错误。因此，她小心翼翼地请求根据文学和艺术产权法来保护"天使"，将其视为一种"思想创作"，类似于交响乐或小说。

星期五晚上，当法院做出判决时，消息迅速传遍巴黎，并像野火一般蔓延开来。判决内容是什么？首先，茉莉娜被判定存在"不正当"竞争和"寄生"行为。但最重要的是，在这 13 页冗长的法律商业文件的最后几行，一句魔法般的话出现了："天使"确实是一种"有资格根据版权法获得保护的原创香水"。法律对此做出了定性。在一个假冒伪劣产品常常取代研发产品的世界里，对版权的承认，至少从长远来看，是一枚真正的重磅炸弹。

为了胜诉，穆格勒的律师让-雅克·勒庞（Jean-Jacques Le Pen）不得不与那些认为香水不能构成原创作品的人进行激烈斗争，这些人认为香水是由已知的成分组成的。为了绕过这一障碍，律师在他的辩论中将话题转到了绘画上。在绘画领域，所有的成分也是已知的，但没有人会否认大师画作的原创地位！实际上，和画作一样，香水在达到完美状态之前也要经过一个熟成期——在"天使"的例子中，这个熟成期为 3 个月。这一论证几乎无可辩驳。

事实上，法兰西公学院的教授安德烈·沙斯特尔（André Chastel）早就说过：

"香水也是一种艺术作品，这是毫无疑问的。和艺术作品一样，香水也是一种被视为统一体的存在：它以丰富的色调呈现，由多个元素组合而成，但却忠实于某种轮廓……"

但是，这一美好的法律原则只适用于法国。在美国，复制香水是合法行为。在那里，这被称为"仿制"，与假冒伪劣的概念完全不同。过程并不复杂，只需使用气相色谱法来识别名贵香水的成分，然后进行复制即可。在美国的民主想象中，仿制是一种净化。如果你喜欢像"鸦片"这样的名贵香水，但还没有能力购买它，那么可以尝试在超市里找到一种类似的香水，比如"哈希希"（Haschisch），它的包装非常廉价。没人能将两者混淆。除了闻着有点相似，其他方面毫无相同之处。另一个好处是：香水不像衣服那样带有标签，你很有可能让周围人相信你真的在使用高级香水。在美国，消费者在药店购买香水，也能顺便买到牙膏和网球，没人会对此感到惊讶。

英特香水公司（Interparfums Inc.）是法国同名公司在美国的合作伙伴，自 1985 年起这家公司就是仿制领域的专家。看来它在美国的活动并没有损害其在法国的声誉，因为世界上最大的奢侈香水发行商之一，LVMH，刚刚收购了法国英特香水 20% 的股份。钱没有臭味，更别说香水了……

广藿香对阵杏仁糖

蒂埃里·穆格勒对茉莉娜的诉讼并没有进一步恶化。尽管声称无辜，被告还是默认了自己的错误，将"尼玛拉"更换成另一款香水。因此，原告停止了所有的诉讼，特别是放弃了向茉莉娜索取法院判决的 1500 万法郎赔偿金的要求。任何制造商都没有兴趣将竞争对手置于死地，这是不道德的。

此外，在香水界，所有大牌香水都在相互抄袭，很少有公司会冒险去创造一款真正的新香水。因此，穆格勒案对香水行业构成了一个可怕的威胁，那就是无休止的仿冒诉讼。今后，仿冒这种小游戏可能会让不谨慎者付出越来越高的代价。事实上，被抄袭者正在用越来越先进的武器武装自己，香水制造商很快只剩下两个选择：创意或者法庭。

随着即将到来的香水大战，法律和技术手段也在加强。在对茉莉娜的诉讼中，让 - 雅克·勒庞律师运用了 4 种不同的技术，遵循"没有任何一种方法可以自称是气味比较计量学的通用工具"这一原则。

首先，必须摧毁对方的防线，使其无法辩称自身行为是仿制而非复制。如果仿制是可被起诉的罪行，那么复制，即在保持原作品的基础上加入个人风格，在法律上是无可指责的。

原告要避免的另一个陷阱是混淆成分和嗅觉信息之间的争论。后者表达了香水特有的吸引力，而多种不同的成分都可以实现这种效果。因此，在审理过程中使用的神经感官测量设备检测的是来源物质散发的嗅觉信息，而不是该物质的组成成分。茉莉娜则提出了相反的观点，解释说嗅觉信息是"挥发的、短暂的和变化的"，因此无法受到保护；而配方是具有确定结果的工业技术，因此不能要求著作权保护。这个论点非常巧妙，但穆格勒提出了更强有力的反驳。

为了证明其观点，穆格勒甚至冒险在陈述中承认，"天使"香水受到了茉莉娜香水的启发！这一轻微的战术让步将有助于实现战略目标，即证明敌方的仿冒行为。蒂埃里·穆格勒的香水公司解释说，"天使"属于东方香型（广藿香-香草组合），可以被视为"回忆之香"的经典广藿香和茉莉娜的代表性香水"哈巴尼塔"的继承者，至少在其东方琥珀部分的香调上是如此。因此，这甚至不构成部分仿制。

在这一合法的嗅觉前奏之后，真正的敌对行动开始了。必须证明"天使"和"尼玛拉"之间的嗅觉相似性。穆格勒委托的专家们进行了 4 组测试：

第一组测试是对这 2 种香水的色谱分析。结果显示，这 2 种香水的 81 种成分中有 68 种是相同的，尽管它们的含量通常并不相同。这一结果立即引发了仿冒的嫌疑，但还不足以作为结论。

接下来，一位专业的"闻香专家"对这两种香水进行了评估。他的鉴定结果不明确。虽然麦尔博（Maillebeau）先生承认两种香水的前调可能令人混淆，但他立即进行了补充："天使"的前调更偏广藿香，而"尼玛拉"则更偏杏仁糖、香草、棉花糖，且整体香调更为清新。随后，他指出，随着香水的挥发，两者之间的差异变得显著。最后，他注意到 2 种香水的 4 种前调中的 2 种（露莓和佛手柑）以及 2 种基调（香草醛和维特醇）非常相似。这份鉴定报告既复杂又模糊，令蒂埃里·穆格勒的团队对麦尔博的专业水平颇有微词。

为了更清晰地了解情况，双方决定使用电子鼻进行测试。

这才是关键！电子鼻在100次测试中有95次将2种香水混淆，而它在对完全相同的2种香水进行测试时，误差率为96%。根据电子鼻的检测结果，"天使"和"尼玛拉"几乎可被视为同一种香水。对茉莉娜公司来说，这是一个沉重的打击，但其立即反驳说，电子鼻不过是一个不可靠的小玩意儿，其灵敏度远远低于人类的嗅觉。

最终的决定权将交给香水的消费者。穆格勒联系了一家市场调研公司，该公司调查了 1111 名女性。测试对象被要求对 6 款带有不同标签的香水进行比较，每 3 款为 1 组。这些香水要么是"天使"，要么是"尼玛拉"，但受测者对此一无所知。而正是这些消费者——穆格勒的目标群体，为他带来了决定性的胜利。盲测结果非常明确：女士们在比较两种香水时的反应，与她们两次嗅闻同一种香水时的反应完全一致。对她们来说，毫无疑问，"天使"和"尼玛拉"是完全一样的，当然，它们的浓度不同，"天使"香水更贵，浓度也更高。至此已证据确凿。

现在，所有的法国仿制者都面临危险。

香水：版权的革命

香水行业在法国的营业额高达数百亿法郎。1999 年 9 月 24 日，当巴黎商业法庭的判决下达时，市场上的主要参与者立即明白，在香水大战中，承认版权可能会打破力量平衡。但在此之前，首先要回答一个基本问题：究竟谁才是香水的作者？

在回答这个问题的过程中，巴黎商业法庭引发了双重意外。毫无疑问，法庭承认了穆格勒香水的论点，终结了市场中多年的仿制行为，但它却并没有承认这家公司是"天使"的作者！像许多涉足香水行业的时装公司一样，穆格勒实际上只是"出版商"。在法庭看来，真正的作者是奎斯特（Quest）公司，更具体地说，是"天使"的无数粉丝们压根没听说过的调香师：奥利维耶·克雷斯普（Olivier Cresp）。这位默默无闻的艺术家根据蒂埃里·穆格勒童年时的集市回忆，创作了这部嗅觉作品。尽管并不情愿，奥利维耶·克雷斯普还是被粗暴地推到了聚光灯下，而穆格勒公司的员工则惊慌失措：他们坚称商业法庭搞错了，法律承认香水是一种集体创作，"天使"既是蒂埃里·穆格勒和薇拉·斯特鲁比的作品，也是奎斯特公司的作品，而奎斯特公司并没有对此提出任何主张！实际上，在集体创作的前提下，如果没有人主张所有权，那么以自身名义将产品投放市场的人就被认定为作者。

整个行业的担忧与这些问题的严重性是相互契合的。正如1957年3月11日法律第1条所规定的那样，版权是18世纪末杰出的博马舍（Beaumarchais）最伟大的"直觉"发明之一，并且构成了严格的保障。

从理论上讲，版权入侵香水丛林可能会产生相当大的影响。在法国，作者拥有维护其作品完整性的道德权利。因此，任何被认定为作者的个人或法人都有可能反对"出版商"为更新成分而进行的任何配方修改。试想一下，如果这一规则适用于香水"出版商"，将会引发怎样的混乱局面！作者还能拒绝用更便宜的合成产品替代天然成分——这种替代方式通常受到财务总监和营销经理的青睐……作者还可以要求其经济利益——版权费——严格按作品的传播比例支付，而不是像现在这样，通常只得到固定报酬。

版权的普及也会带来税收方面的影响。对于创作者而言，版权费作为具有长期价值的收益，只需支付24%的税款，而在今天，这笔收益往往被视为工资，须缴纳高达54%的巨额税款，这一税率适用于最高收入阶层。

对于调香师来说，这种新的税收制度同样有利：调香师无

197

需再支付社会保险费！更重要的是，香水不再被登记为一种服务（即支出），而是被登记为一种能提升企业价值的无形资产。在香水行业，最终或许每个人都可能从中受益：无论是"香水 - 工业"逻辑的拥护者，还是"香水 - 创作"的怀旧者。然而，阻力依然存在！

年轻的营销人员不得不把一部分权力让渡给创作者，这一前景令他们感到恐惧。他们已经习惯了现行体制，在这种体制下，营销设计师在市场调研的支持下，肆无忌惮地委托设计师为"活跃、大胆的现代年轻女性"（20~25 岁，高收入群体）设计一款香水，体现摩洛哥风情。这一切仅仅是因为计算模型给出了这样的目标定位，而模型通常是从美国引进的！这种简报正是行业的日常节奏，至于版权问题，只能再等一等了。

"跟我说说，
宇宙之王最近还好吗？"

"跟我说说，宇宙之王最近还好吗？"

这句针对伯纳德·阿尔诺的例行问候，是古驰的老板德索莱接待所有来访者时都会问的，他甚至还没来得及坐进伦敦总部四楼会议室的扶手椅里就脱口而出了。德索莱的英语口音浓重，欢快幽默，让人立刻明白，他热爱奢侈品战争，已经离不开这种生活了。这并不仅仅是因为这些战争能推动古驰的股票上涨，还因为战争让德索莱本人得到了成长。

这位在哈佛接受过教育的卡拉布里亚人已将他的台词背得滚瓜烂熟。当谈到 LVMH 时，他会完美地扮演遭受邪恶巨人歌利亚攻击的天使大卫。他一脸诚恳地以手抚心，发誓自己只是自卫。

德索莱身材矮壮、结实，他笑起来像一名自信的海盗。精心修剪的白胡子给人一种和蔼的错觉。他属于"杀手"类型的人物，要没有这股狠劲，他不可能在古驰家族的"地狱"熬过 10 年。每当陷入困境时，他总能想办法活下去。

当然，他对伯纳德·阿尔诺有些自卑情结，而 LVMH 的董事长也随时在他面前表现出优越感。例如，阿尔诺从不亲自去阿姆斯特丹，而是派遣副手参加法庭听证会。

然而，在知名度上，二人已不分伯仲。5 年前，德索莱还是个无名小卒。如今，他是地球上最著名的老板之一。即使这归功于……伯纳德·阿尔诺！每当有报道将他的公司与 LVMH 集团相提并论时，德索莱都会有种功成名就的满足感。自从 1995 年接手濒临破产的古驰以来，他不厌其烦地回顾来路，毫不谦虚地说：

"我承认，今天古驰比英国航空公司更有分量，我功不可没！这无疑是一个巨大的成功。5 年前，LVMH 在奢侈品界一手遮天。突然之间，我们变得既聪明又灵活，大受欢迎，人们就喜欢买古驰。"

没必要跟他提阿尔诺的成就。他大手一挥，不屑一顾。

"迪奥？你在开玩笑吧！把迪奥给我，我会让你看看如何重振一个品牌！"

多梅尼科·德索莱永远也得不到迪奥。目前，他正努力重振圣罗兰，但离成功还差得远。

德索莱还喜欢批评伯纳德·阿尔诺乱花钱："我花了 10 亿美元买下圣罗兰和整个赛诺菲美妆集团。他光买芬迪就花了这么多钱。而且，他还啥都没干呢……说真的，我简直要笑死了！"

他放声大笑，好像这场耗资 100 亿美元的战斗是世界上最好笑的笑话。

听他这么说，我们几乎会忘记，古驰的规模是 LVMH 的四分之一；由于市场上剩余的大品牌独立性太弱，它可能永远无法超越这一强大的对手；古驰唯一收购的大品牌圣罗兰是弗朗索瓦·皮诺拱手相让的；此外，皮诺注入其现金储备的 30 亿美元并没有被充分利用。不管怎样，在沟通方面，德索莱的巨大优势在于他能自得其乐，还能赢得听众的欢心。没有什么比在公开场合放声大笑并用英语翻译伯纳德·阿尔诺的回忆录摘录更让他开心的了。他放声大笑，笑声在整个楼层回荡。

虽然口出狂言，但竞争者同时也互为同盟。人们几乎都快忘了，从战争之初，古驰和路易威登的经济利益就紧密关联在一起。位于霍什大道的 LVMH 集团是古驰在东方商业成功的重要保障。自从 LVMH 收购了免税购物公司后，通过免税店销售的古驰皮具在亚洲的销量约占其总销量的三分之一。

圣奥诺雷区的游击战

　　古驰的胃口越来越大。这个集团真是着了资本的魔！1999 年末收购圣罗兰之后，古驰掀起了一阵购物狂潮。多梅尼科·德索莱手上还有弗朗索瓦·皮诺注入的 180 亿法郎中的数十亿，他公开表示，他打算建立一个可以与 LVMH 抗衡的全球多品牌奢侈品集团。1999 年 11 月 18 日，也就是公告收购伊夫·圣罗兰 3 天后，古驰宣布以 9200 万欧元收购了塞尔吉奥·罗西 70% 的股份。目的是在全球范围内复刻这家意大利女鞋制造商的成功。2000 年 5 月，古驰再次出手，收购了珠宝商宝诗龙（Boucheron），增强了它在珠宝、钟表和香水领域的实力，而在这些领域，古驰已经取得了不错的进展。

　　与此同时，马尔索大道上的圣罗兰的老总部终于平静了下来。自从古驰接管了圣罗兰的成衣、配饰和香水业务，并以高价购买了皮埃尔·贝尔热和伊夫·圣罗兰的休战协议（他们保留了高级定制业务）后，多梅尼科·德索莱和汤姆·福特稍微松了口气。这两位曾经让人头疼的法国人，通过保持中立在经营事务中赚取了一大笔财富，现在正规规矩矩地各自忙碌。伊夫·圣罗兰在思考他的下一季高级定制系列，贝尔热则在为 2001 年的市政选举做准备，策划繁杂的政治战略，努力让巴黎第六区转向左派。随着两位"旧政权"领军人物退出，古驰的人可以自由发挥了。

古驰对圣罗兰的标准化改造进展顺利，尽管其采取了一些形式上的措施，避免看起来像是在强制执行命令。新团队正在全力准备秋季的大型活动——由汤姆·福特设计的首场圣罗兰成衣秀。汤姆·福特并没有低估挑战，他知道这将比拯救古驰更为艰难，但他相信古驰内部的策略可以再次奏效：整合所有产品线，使它们重新获得协调性，增加直营店，取消特许经营权，尤其是严格管理沟通渠道。如果形象管理到位，圣罗兰的服装将再次变得时尚酷炫，顾客们也会重新回来。

皮埃尔·贝尔热本可冷嘲热讽一番，但他并没有这样做，反而高调宣称这条新路线完全被包含在他最后时刻委托给伊里欧斯(Ylios) 咨询公司的战略研究中，他将其亲手交给了古驰团队。汤姆的追随者们，请注意了！在这种平静的氛围中，这部美丽的机器将开始运转，直到……遇到第一个麻烦。这个麻烦虽然可预见，但依然影响了古驰的战略。那就是 2000 年 7 月的圣罗兰高级定制秀：圣罗兰先生超常发挥。杏仁色的羊毛大衣外罩天鹅绒泡泡裙，令观众如痴如醉，赞不绝口。他们为透露出古典优雅气息的羽毛而激动疯狂。汤姆·福特曾写信要求皮埃尔·贝尔热给他一个前排座位，那里坐着凯瑟琳·德纳芙、劳伦·白考尔（Lauren Bacall）和几位世界上最富有的女性。福特看得目瞪口呆，专注地盯着每个细节、每个褶皱、每个缝线，仿佛在渴望"有朝一日也能拥有大师的精湛技艺"，《纽约时报》的时尚记者凯茜·霍林（Cathy Horyn）讽刺地写道。

汤姆·福特在人群中来往穿梭，避免被拍到与海迪·斯利曼同框，因为后者刚刚离开圣罗兰男装设计部。福特并不嫉妒圣罗兰：他那件价值 5 万美元的晚礼服让观众"不寒而栗"，它既奢华又羞涩，微妙而迟疑地露出臀部上围，与古驰团队放荡不羁的性感商品世界格格不入。准备统治 21 世纪初全球时尚界的得克萨斯州人真诚地钦佩那位众山之巅的老皇帝，但这种钦佩就像在博物馆里膜拜一件历史遗物。

第二天，汤姆·福特感到一丝不快。这个夏天的星期四，全球媒体都在一致赞美伊夫·圣罗兰。野心勃勃的汤姆第一次意识到，他将不得不在未来几年与一个逐渐衰退但仍能君临时尚界的皇帝共存。这些年里，圣罗兰将拥有两张截然不同的面孔：汤姆的成衣和伊夫的高级定制。两张面孔水火不容。但福特将这些想法都藏在心里。美国人不像拉丁人那样，只会用自尊的有色眼镜看世界。他总是"积极"地思考。毕竟，圣罗兰的天才既未构成对他的敌意，也未构成对他的挑战。

真正的挑战很快来了，3 个月后，正好是汤姆·福特首场圣罗兰成衣秀的前一周。皮埃尔·贝尔热选择在这一天让位于圣奥诺雷大街32号的新店隆重开业。巴黎的时尚界震惊地发现，经过去年冬天与古驰的激烈讨论，这个橱窗仍然掌握在贝尔热手中。很难不注意到，这个将被命名为"伊夫·圣罗兰高级定制"的时装店几乎紧挨着"圣罗兰左岸"38号店，而汤姆·福特正在为即将举行的时装秀对该店进行改造。

伊夫·圣罗兰高级定制时装店是专门用来展示设计师才华的。店内摆放着秀场上的作品和一些奢华的小饰品。露露·德·拉·法莱斯（Loulou de la Falaise），这位金发碧眼的长发美女一直是圣罗兰式优雅的完美代表，她负责设计珠宝和配饰。在这里，一件饰有鸵鸟羽毛的黑色欧根纱衬衫卖25000法郎，一条刺绣鹿皮裤子卖45000法郎，一件针织卷曲的"贵宾犬"外套卖6000多法郎，还有那件紫色缎面衬衫，必须搭配一件橙色毛衣——总之，就是这些没用的小玩意儿，将帮助圣罗兰的铁杆粉丝更好地应对生活中的种种不如意。

为了不给成衣业，也就是汤姆口中的"时装业"添乱，两位合伙人承诺只制造极少量的系列产品。他们向顾客承诺提供世界上最精美的衣着——当然，前提是能找到可以限量制作出极高品质产品的工匠。

在圣奥诺雷街3号的古驰巴黎总部，气氛变得紧张起来。在《国际先驱论坛报》（*International Herald Tribune*）中，苏茜·门克斯（Suzy Menkes）安排了一场间接且尖锐的对话，两个阵营针锋相对。调皮的露露·德·拉·法莱斯承认：

"我们就像是商业巨头背上的小苍蝇。这没什么，这会让事情更加有趣。"

然而，多梅尼科·德索莱并不觉得好笑：

"这不可能发生。贝尔热先生和圣罗兰先生只属于高级定制，我相信每个人都会履行承诺。"

皮埃尔·贝尔热则表示他无意对古驰发起所谓的"圣奥诺雷街游击战"，但他也想明确表示：

"伊夫·圣罗兰非常清楚，与他本人创作风格迥异的产品将以他的名义销往世界各地，因此他非常希望保留这家精品店。"

只要伊夫·圣罗兰还活着，他就会保持这个地位。于是，一些不快随之而来。汤姆·福特得知 32 号精品店的情况后，他就为圣罗兰向伦敦最炙手可热的制帽师菲利普·崔西（Philip Treacy）订购了一系列帽子。

美女与野兽：

阿拉亚与普拉达签约

　　偶尔，奢侈品世界会出现比敌对集团之间的恶意打压更令人振奋的景象——有时也会庆祝一些意想不到的"联姻"。2000 年 9 月，究竟是什么让世界顶级模特的宠儿、设计师阿瑟丁·阿拉亚，与普拉达的董事长帕特里齐奥·贝尔特利联手？这可是贝尔特利，奢侈品商业界最可怕的掠夺者之一。

　　阿拉亚欣然回答了这个问题。他带着灿烂的笑容，在会议室里接待来访者。这是他在巴黎私人酒店里的一间玻璃地板房间，位于玛黑区穆西街。这座建筑曾是 BHV 的一座旧仓库。这栋建筑正在翻修，仿佛普拉达的数百万资金已经开始发挥作用。

　　巴黎的奢侈品界为此兴奋不已。阿拉亚和贝尔特利的理念截然不同：阿拉亚用优质面料制作精美的裙子，售价自然很高，但利润并不夸张；而贝尔特利通过华丽的店铺、完善的商品推广和大众传播，以惊人的高价出售普通商品。那么，艺术能否融入奢侈品？阿拉亚并不是那种随波逐流的普通设计师。大家喜欢他才华横溢、彬彬有礼、富有生活情趣，更尊敬他抵制大规模生产的高利润诱惑的宝贵勇气。20 世纪 90 年代中期，在约翰·加利亚诺上任之前，他还拒绝了迪奥创意总监这个名利双收的职位。

阿拉亚也不是时尚的"冲浪者"，他是一位关于身体的思想者，他关于女性身材的理论在很长一段时间里被学校列为研究课题："对一个女人来说，肩膀是关键，腰部很重要，臀部是核心，必须通过剪裁和高跟鞋来体现。曲线并不是优雅的障碍：看看玛丽莲·梦露就知道了！"

双方结盟的消息一经传出，关于结盟的缘由，巴黎和米兰之间立即出现了两种略有矛盾的版本：

官方说法是"双方达成合作协议，确保阿拉亚品牌的声誉和品质传统得以延续"。多么高尚的理由！阿拉亚还将成立一个基金会，收藏设计师在过去、现在和未来的精彩作品、模型和草图。对他来说，这是他的遗产得以保存的保证。当然，毫无疑问，以他的名字命名的香水和化妆品会被推出，但这就是游戏，他也愿意参与其中。阿拉亚是一位脚踏实地的诗人。

贝尔特利也很实际，但他可不是诗人。他声称以 2000 万美元的价格收购了阿拉亚品牌的大部分股份，据熟悉业务的银行家估计，这一金额确实约为 2000 万美元。考虑到这位设计师的营业额，这笔巨款似乎表明，贝尔特利取得了实际控制权。贝尔特利的算盘打得很清楚：阿拉亚在全世界尤其是美国享有盛名。大家都记得，超模斯蒂芬妮·西摩（Stephanie Seymour）在与彼得·布兰特（Peter Brant）的婚礼上穿的就是阿拉亚设计的婚纱。但另一个事实是，出于阿拉亚极为低调的运营方式，这个名字在商业领域未被充分利用。阿拉亚热衷于制作美丽且昂贵的刺绣，他的作品只能被少数疯狂追随他的客户所接受。他自己缝制，有时甚至亲自熨烫……阿拉亚更像是一个秘密社团，而不是一个真正的时尚品牌。

普拉达的老板眼光长远。尽管有这些限制，但他觉得也许有办法将阿拉亚打造成一个全球性的品牌。他说："考虑到他设计的服装价格极高，如果能够稍微降低生产成本并增加数量，那将会有多么丰厚的利润啊！"在美国，阿拉亚销售额最高时也不到100万美元。贝尔特利渴望将这个数字乘以100。20世纪80年代，阿拉亚在美国曾经风光一时。而那个年代的一些价值观在21世纪的第一个十年正于时尚界强势回归。只需星星之火，就能重新燎原。如果花点心思好好宣传，美国数百万女性便会为一位颂扬女性曲线美的时装设计师而疯狂！贝尔特利非常清楚这一点。他就是凭借这种直觉建立起了自己的时尚帝国。而在时装界，众所周知的秘诀是：要趁设计师消失前打造出一个品牌。

在一个以形象为主导的环境中，像阿拉亚这种能在纽约古根海姆博物馆举办作品回顾展的设计师，对任何懂得利用资源的人来说，都是一笔巨大的财富。从阿拉亚为杰西·诺曼（Jessye Norman）设计的纪念法国大革命200周年的紫罗兰色连衣裙，到他的未来主义发明——羊毛豹纹长袍、条纹晚礼服、粘胶纤维紧身衣，这些作品已经被写入时装史。普拉达认为，只要稍加努力，这些作品就能变成摇钱树。

阿拉亚的朋友们有些担忧，这是有原因的。普拉达并非第一次与人结盟。德国设计师吉尔·桑达在 1999 年底将 75% 的股份出售给普拉达，但不到 6 个月就愤然离去。提到这次不愉快的经历，身穿钟爱的缎面中式夹克、常因狗毛而频繁换衣的突尼斯人立刻从椅子上跳了起来：

"这完全不一样。吉尔·桑达卖掉了她的名字。而一旦卖掉了名字，你就得闭嘴……而我没有卖掉我的名字！"

阿拉亚生气了，居然有人认为他在犯傻往狼窝里跳：

"贝尔特利嗓门大？我吼起来声音更大，等着瞧！"

很难相信这个平和的人会发火。他总是保持着温和镇定，除非有人把他与香奈儿的设计师相提并论。那时你会看到这个小个子男人的强硬：

"我根本不在乎拉格菲尔德。他只是个毫无天赋的推销员。根本没有所谓的拉格菲尔德风格，而且永远也不会有！"

调解人和破坏分子

2000 年 9 月 27 日，几乎被所有人遗忘的阿尔诺 - 皮诺之战重新燃起。在 LVMH 提出上诉后，荷兰最高法院推翻了 1999 年 5 月 27 日的裁决，该裁决批准了 PPR 集团公司增资扩股，从而使 PPR 集团公司获得了古驰 42% 的股份。这是一次非同寻常的事件：法院并未就案件的是非曲直进行裁决；裁决纯粹是形式上的，丝毫没有质疑两家集团（PPR 与古驰）之间的战略联盟。法官们只是对企业法庭没有对古驰的"管理失误"进行调查提出了意见，而 LVMH 趁机要求进行调查。

在古驰看来，这一插曲显得有些超现实。早在阿耳忒弥斯将伊夫·圣罗兰转让给古驰之后，汤姆·福特就已经准备推出作为圣罗兰设计师的首个成衣系列。尽管如此，多梅尼科·德索莱还是非常重视这次法律上的挫折。让股东们对联盟的可持续性感到不确定，无论这种感觉多么微小，都不是一件好事。因此，公司准备了一系列应对措施。其中最引人注目的是申请有序剥离。换句话说，要求法院将 LVMH 从古驰的股东名单中剔除。理由是：LVMH 集团在奢侈品皮具市场占据主导地位，同时仍是古驰的重要股东，即便没有进入监事会。毫无疑问，对古驰而言，它与 LVMH 集团存在利益冲突，并且 LVMH 违反了奢侈品皮具领域的欧洲反垄断法。

这个论点听起来很有吸引力，而且富有创意，但并不像看上去那么可靠。当布鲁塞尔委员会在审议反垄断申请时，通常会仔细确定所涉及的"相关市场"。为了使其请求有效，古驰自然希望将市场限定在奢侈品皮具领域，因为如果将市场扩大到所有档次的皮具，请求将不再成立。然而，布鲁塞尔方面并未基于古驰的这一请求继续展开调查。

关键问题不在于此。在 2000 年的前 9 个月中，出现了一些对"和平进程"相当重要的事态发展，虽然它们并未成为新闻头条。春夏之际，伯纳德·阿尔诺和弗朗索瓦·皮诺至少有两次单独会面，其中一次是在让-玛丽·梅西耶（Jean-Marie Messier）位于弗里德兰大街的办公室。出于他在巴黎资本市场上的人脉和影响力，这位维旺迪（Vivendi）的董事长被选中充当和平仲裁者。梅西耶是帕特里夏·芭比泽的私交好友，也在 LVMH 的董事会任职。另一位董事会成员让·佩雷勒瓦德（Jean Peyrelevade）也有意充当调解人，他是里昂信贷的董事长。但最终，梅西耶胜出。梅西耶全力以赴，终于说服两位对手以合理的价格体面地达成交易。计划很简单：PPR 集团以每股 100 美元的价格收购古驰，手袋大战就此结束！首先，必须说服塞尔日·温伯格与阿尔诺和解。PPR 集团的管理委员会主席是个骄傲的人，从未原谅 LVMH 的老板拒绝与他对话的行为。但温伯格最终放下了自尊。现在，所有人都达成了一致。

但这并不包括多梅尼科·德索莱。古驰董事长热爱权力。矛盾的是，为了保住权力，他需要伯纳德·阿尔诺的资本。如果 PPR 集团发起全面收购并获得所有股份，塞尔日·温伯格将掌控古驰，这将使他能够推行自己的战略，尤其是通过收购来使投入古驰的数十亿美元不再闲置，而德索莱希望自己继续掌控一切！因此，他要求摩根士丹利银行煽动监事会的独立成员反对这一计划。接着，他召集董事会，强令其采纳以下立场：收购将分两个阶段进行。在第一阶段，LVMH 将以每股 100 美元的价格出售其 2000 万股股份；然后，在 4 ~ 5 年后，其他少数股东将以一个明显很高的价格将其股份出售给 PPR 集团，从而更好地反映集团的价值。

为什么要推迟 4 ~ 5 年？当时，许多观察者对德索莱的动机感到困惑不解。

对伯纳德·阿尔诺来说，这一计划是不可接受的，他显然无意单独出售自己的股份，也不会给人留下他被迫离开古驰的印象。6 月 20 日，梅西耶的调解正式失败。德索莱再次与温伯格和阿尔诺对立。

在这一过程中，阿尔诺意识到，要求 PPR 集团对古驰的全部资本发起收购的战略是正确的。只有这种策略才能在对方阵营中找到切入口。这三位主要参与者的利益在强大压力下会产生分歧。弗朗索瓦·皮诺厌倦了这场消耗战。在其控股公司阿耳忒弥斯总裁帕特里夏·芭比泽的建议下，他正在寻找一个友好的解决方案，他刚刚接受了以每股 100 美元的价格进行收购的原则。德索莱则对这种收购持谨慎态度，因为这将不可避免地削弱他所享有的管理独立性。这个权力三角中的第三人是 PPR 集团的塞尔日·温伯格，他无疑渴望对古驰为所欲为，但全面收购会带来一些不便。为了筹措资金，他必须出售部分零售资产。而在皮诺帝国中，温伯格的影响力取决于大众零售业的实力。尽管 PPR 集团拥有 1700 亿法郎的市值，但向古驰注入数十亿法郎意味着将权力让渡给奢侈品部门，换句话说，就是为德索莱提供资金，而他与温伯格的关系相当复杂。

LVMH 还认为，它可以利用皮诺和温伯格之间的另一个潜在冲突。当圣罗兰被卖给古驰时，皮诺发现自己不得不将高级定制时装保留在阿耳忒弥斯的投资组合中，这样古驰就会同意接手剩下的部分，而高级定制时装的损失高达数千万法郎。在这次艰难的谈判中，温伯格的 PPR 集团站在了古驰一边，对抗弗朗索瓦·皮诺。生意就是生意！

为了额外的 600 万份
股票期权

2000 年年中发生了另一件事，这是一次看似寻常却极为重要的集团会议。6 月 22 日，古驰集团在阿姆斯特丹的阿姆斯特尔洲际酒店的会议厅举行股东大会，三四百名股东齐聚一堂。美体小铺公司（The Body Shop Inc.）的董事长兼古驰监事会主席阿德里安·贝拉米（Adrian Bellamy）主持会议。出席名单显示，共有76794020 股股份代表出席，占股本的四分之三以上。讨论正式开始。鉴于 1999 年的优秀业绩，会议气氛一片喜庆欢乐，多梅尼科·德索莱主动夸赞自己的管理模式。他声称，古驰通过收购伊夫·圣罗兰、塞尔吉奥·罗西和宝诗龙，继续巩固了其作为大型多品牌奢侈品集团的地位，接着他话锋一转，提醒道，由于 LVMH主动发起股票市场攻势，而又拒绝对整个资本发起收购要约，因此古驰被迫与战略合作伙伴 PPR 集团结盟。

这种带有倾向性的陈述在这类场合是正常的。事实上，现场的 LVMH 股东代表、律师詹姆斯·利伯连眉毛都没抬一下。

然后，德索莱补充说，与 PPR 集团的联盟是"古驰独立性的保证"，这让所有读过 1999 年 3 月 19 日 PPR 集团董事会会议记录并看到"收购古驰集团"标题的人感到惊讶……但这些先暂且不提！

就在这番自夸之后，发生了股东大会上常见的小插曲。荷兰股东协会主席卡罗琳·范德吉森（Caroline van der Giessen）开始提出一些看似天真的问题：

"PPR 集团控制了 40% 的股份，在监事会的 9 个席位中占 4 个，并在战略委员会中处于重要地位。所谓的独立性在哪里？"

随后她接着问，PPR 集团和 LVMH 这两个股东合计拥有超过 60% 的资本，有朝一日是否有可能在她所维护的小股东权益的背后结成联盟，损害小股东权益。有人回答说，小股东的权益会受到保护，因为监事会的大多数成员是独立的，即古驰集团外部的人士。为了加强这些独立人士的力量，难缠的范德吉森女士建议遵循荷兰协会彼得斯公司治理委员会（Peters Committee on Corporate Governance）的建议，取消授予他们的股票期权以及将他们的工资与集团业绩挂钩的做法。她的建议被否决。

尽管气氛变得紧张，但我们不要误会：这些摩擦在大型股东大会上很常见，证明了某种形式的民主正在这些资本主义盛会中发挥作用。

那天，最精彩的部分被安排在会议的最后。仔细阅读会议记录就会发现，正是在会议的最后一刻，主席提出了股票期权的问题。阿德里安·贝拉米提议修改集团的奖励股票期权计划，也就是公司愿意提供给现有和未来优秀管理人员的资本部分。目前库存只剩55926份期权，显然不够用了。贝拉米提议将普通股的数量增加600万，以便纳入这一计划。他提醒大家，如果集团想吸引和留住人才，股票期权是必不可少的。不过，他补充说，在授予管理人员股票期权之前，薪酬委员会会征询多梅尼科·德索莱对每位候选人的个人表现和潜力的意见！这番说明是为了让股东们放心。

600万！

会场里有几个人竖起了耳朵，但没人过问这些股票期权会被授予谁。古驰管理团队的几百名成员都有可能。然而，这个数额实在是太大了！往年只增加100~150万份期权，从未超出这一数量。这次到底发生了什么？LVMH的代表们确信古驰正准备以高价挖走奢侈品竞争对手集团的高层管理人员，比如LVMH集团。他们可能想吸引约翰·加利亚诺、海迪·斯利曼或马克·雅各布斯等人加入？只有这样才能解释得通。奢侈品行业正在酝酿一场新的"人力资源"大战，而古驰有权这么做。竞争不仅是不可避免的，也是合法的，更是可取的。

范德吉森再一次唱反调，宣布荷兰股东协会将对此次增资投反对票。在她看来，这个股票期权计划意味着增资约5%，而她认为合理的最大增幅应为1%。她认为，一旦超过这个比例，提供给管理人员的激励就会开始损害股东的收益。事实上，如果一个集团每年增加 5% 的资本，持续 10 年，将导致过度稀释，这是股东们不能接受的。

这次，阿德里安·贝拉米表现得非常坚定：

"女士，我们不可能用您提议的计划来招聘和留住高素质的优秀员工。"

会议记录中没有提及的是多梅尼科·德索莱对卡罗琳·范德吉森的强硬回应：

"女士，如果您不知道什么是股票期权计划，那您就根本不知道如何激励集团的员工！"

随后进行举手表决。在场的绝大多数股东都对 600 万份期权投了赞成票。反对者寥寥无几。荷兰股东协会遵循彼得斯委员会的原则，投了反对票。而 LVMH 错失了这一绝佳的机会，未能反对这一庞大的期权授予计划，只是选择了弃权。事件似乎就此平息。

対　決

伯纳德·阿尔诺算不上一个热情的人。尽管有穿牛仔裤、看起来酷酷的助理出来迎接访客，尽管约翰·加利亚诺的最新广告宣传海报被大胆地张贴在墙上，但迪奥总部"城堡"般的氛围、灰白的墙壁和白色的镶边，让这里显得庄严肃穆。走过一条空旷的走廊，上几级台阶，再穿过另一条同样空旷的走廊，LVMH 集团董事长和他的公关顾问就在会客厅里等待着。弗朗索瓦一世街的四层是阿尔诺的私人领地，此时静悄悄的，没有一丝声响。阿尔诺选择在迪奥接待来访，因为这个世界上最著名的品牌一直是他非凡成就的象征。

总之，伯纳德·阿尔诺不太热情。他的表情、嘴角、眼神，即使是在简单的交谈中，都体现出一种永不满足的胜负欲。他希望每一句话、每一个词都能赢。他不会放弃任何细节，不给对手留下任何余地。即使面对重大事务，每一个细节都如同一场不容有失的小战役。只要观察他，你就能明白两件事。首先，在 15 年里，他将胆识与金融想象力、野蛮与狡猾完美结合，成功打造了世界上最大的奢侈品集团。然后你也能明白他为什么会对弗朗索瓦·皮诺怀有难以化解的仇恨，那个人"偷走"了他的古驰。仇恨？这个词可能显得有些古早煽情，然而却是最恰当的一个词。当然，LVMH 的董事长会否认这一点，当别人提到他的劲敌时，他装出一副有些厌倦的冷漠面孔，但没什么效果。这位大金融家是一名拙劣的演员，他的愤恨就像浪涛下翻涌的海底火山。皮诺阻挡了他前进的道路，他永不原谅。这个毕业于巴黎综合理工学院的精英理工男是不是认为自己比那个没读过几本书的布列塔尼人更高明？后者白手起家，创立了一个宏伟的分销集团，在里昂信贷银行的帮助下积累了巨额财富，又想凭此来搅乱奢侈品市场？毫无疑问，是的。

　　两人之间的矛盾错综复杂，有时甚至神秘莫测。他们曾在巴黎资本主义的小圈子里和谐共处过很长时间，甚至曾经一起做过生意，当时阿尔诺把康福浪漫卖给了皮诺，但那是很久以前的事了。"意大利战役"改变了一切。

　　对阿尔诺来说，现在的确是私人恩怨了。因为他自己说，他对古驰并没有太大兴趣：

　　"这是一笔冒险的交易……5 年前，它破产了，而它的成功似乎已经在消退。这就是为什么我从没想过要对它下手。"

　　他已经说过上百次了，他想要的是皮诺对古驰发起收购，以便自己可以"退出"股本，释放自 1999 年以来被冻结的价值数十亿法郎的股份。但弗朗索瓦·皮诺并不这么想，在他位于拉图尔·莫堡大道的私人宅邸里，皮诺说：

"我不会在压力下行动。"

阿耳忒弥斯的董事长比 LVMH 的董事长更善于隐藏自己的意图。皮诺看起来平静，近乎超然。你会觉得他在享受这一切，然而事实并非如此！他有扑克玩家般不动声色的面孔，这也更加说明：年长 12 岁还是很不一样的（弗朗索瓦·皮诺出生于 1936 年8 月，伯纳德·阿尔诺出生于 1949 年 3 月，两人年纪相差 12 岁多。——编者注）。年近 65 岁时，他不再被仇恨驱使，忙着准备交接，规划继任者。在他宽敞的办公室里，因为个子矮小——这点与身材高大的阿尔诺正相反——皮诺坐在窗户下的沙发上，放空的蓝眼睛仿佛在寻求一种解释，为什么在法国，商业冲突往往演变成人身冲突。

"学校的操场有点小，很容易撞到一起……"

他身体前倾，靠在扶手上，强调自己的观点：

"坦白说，这种敌意让我感到惊讶！当时我也想要丝芙兰，他却得到了，但我并没有因此而烦恼！"

一如往常，阿尔诺立刻反唇相讥：

"区别在于，丝芙兰是我光明正大得到的……"

皮诺的表情变得顽皮：

"其实，他不高兴是因为古驰的管理层选择了我们。"

此外，弗朗索瓦·皮诺完全在按照伯纳德·阿尔诺的计划行事：通过持有大约40%的股本来控制古驰。这种说法让伯纳德·阿尔诺更生气了，尤其是当有人暗示他自己也通过持有大约40%的股本来控制 LVMH 时。

"这完全不同。我是从头开始创建 LVMH 的。我是通过在市场上购买的方式进行投资的，而不是像皮诺先生收购古驰那样，以牺牲股东利益为代价增加资本。"

两人是否仍然彼此尊重？要弄清楚这一点，就要突然问他们最钦佩对方哪一点。弗朗索瓦·皮诺毫不犹豫地说：

"我承认，LVMH 是一个非常优秀的集团！"

被问题弄得措手不及的伯纳德·阿尔诺在座位上扭动了很久，但最终还是忍住了。一句好话也没说出口。

在皮诺的圈子里，他们喜欢嘲笑 LVMH 雇佣的"退休政客"，这种做法被称为"权力漂移"。尼古拉·巴兹尔（Nicolas Bazire），前法国总理爱德华·巴拉杜尔（Édouard Balladur）的办公室主任，现任 LVMH 执行委员会发展和收购部门的负责人，他恐怕不会喜欢这种说法……

但这只不过是一些轻描淡写的话。围绕古驰的对决有时并没有那么文明，双方会互相威胁。关于对手准备使用的手段，最疯狂的谣言不绝于耳。在战争中，你要武装自己，无论是进攻还是自卫。因此，作为一项预防措施，弗朗索瓦·皮诺委托安托万·高迪诺（Antoine Gaudino）撰写一份关于伯纳德·阿尔诺帝国结构的详细报告。后者是一位经营"私人金融调查队"的退役警察。该报告以从不同商业法庭登记处获得的文件为基础，描绘了各控股公司的财务和税务情况，并对某些资产在帝国内部转移时的"过高"估值给出了结论。不言而喻，这些结论遭到了 LVMH 的质疑。这种从公开文件中合法获取研究报告的事在商界屡见不鲜。只要不采用跟踪、电话窃听和间谍麦克风等手段，就不算犯法。但我们不要抱有幻想：资本主义战争并不比其他战争更干净！

对弗朗索瓦·皮诺来说，"高迪诺研究"是一种核威慑，以防对手利用自己的弱点，就像在"执行人寿"一案中，皮诺和里昂信贷银行参与了对加利福尼亚一家保险公司的可疑收购……

皮尔·卡丹的

特许证噩梦

　　"我很早就知道，我会成为一名伟大的时装设计师！"

　　皮尔·卡丹的大部分句子都以"我"开头，尤其是当他正在筹备他的第 N 次作品回顾展时。

　　在皮尔·卡丹位于玛里尼大道的英式绿色小办公室里，这位年近八旬、至今仍未指定接班人的老人，翻阅着自己堆积如山的照片，并以机关枪般的语速一一点评。这位曾为披头士设计无领夹克的设计师，正以一连串的活动来总结自己的传奇人生。这些活动带有某种积极的怀旧情绪，似乎是对他不懈挑战命运的赞颂。

　　他很早就明白，时尚是历史上最伟大的交流手段之一，这使他成为一名社会未来学家，并深信自己是天才。因此，我们就不难理解为什么他对 2000 年时尚和奢侈品界的大腕们没有太多的赞誉。在他看来，这些人只是有才华的商人，而他，皮尔·卡丹，则属于达·芬奇那类的天才。毕竟，他不仅设计服装，还设计家具，导演了数十部戏剧，让萨伏伊王子成为模特，"发现了中国"，并亲手设计了自己的院士佩剑。因此，阿尔诺、皮诺、阿玛尼、汤姆·福特这些"优秀的小伙子们"和他仿佛不是一个世界的人。

"我怎么能跟他们比呢？没有布萨克，迪奥什么也不是。而我，成就了我自己。"

仅凭这份轻蔑，他就能赢得这些"优秀的小伙子们"的集体敌意，这也能解释为什么巴黎伟大的服装设计师们不回复他的晚宴邀请，抵制他进入法兰西学院，并宣称他从 20 世纪 60 年代起就江郎才尽。但实际上，他们讨厌他的原因完全不同。他们真正指责他的是，尽管践踏了奢侈品和时尚世界不成文的规则，他仍然拥有并保持着极高的国际知名度。

在过去的十几年里，奢侈品领域的所有大牌都对特许证深恶痛绝，它们众口一词地指出特许证的泛滥会毁掉一个品牌。古驰、迪奥和圣罗兰已经开始系统地回购它们的特许证，以重新掌控品牌，并将其提升到奢侈品的精英层，在它们看来，从精英层下降属于自杀行为。

这种理论让发明泡泡裙和把高领毛衣穿在西装外套下的皮尔·卡丹笑得前仰后合。他向来访者喷洒了他最新的香水——特里斯坦与伊索尔德（Tristan et Yseult）。他笑是因为世界著名时尚日报《女装日报》（*Women's Wear Daily*）将他列为 1999 年美国第六大最畅销时装设计师，虽然排在卡尔文·克莱恩、古驰和克里斯汀·迪奥之后，但仍在香奈儿之前。他的成功还因为他有效地将授

235

权艺术发挥到了最荒诞的极限。在他漫长的职业生涯中，皮尔·卡丹授予各类公司的特许证超过 900 个，狂热地推销着自己的名字，什么丑东西都敢接！西伯利亚有 30 家工厂在生产"PC"大衣，皮尔·卡丹名字的缩写被刻在德国的窗帘杆上！日本人骑着以他的名字命名的自行车。还有成千上万的皮尔·卡丹打火机、方形巧克力，甚至煎锅！每年，皮尔·卡丹就像呼出二氧化碳一样，推出十几种新的特许证，从中国的钥匙圈到越南的塑料袋！对奢侈品界那些自命不凡的人来说，这简直是一个巨大的挑衅，而他却在这无休止的"自杀"中活得非常好！

"要是看到一个漂亮的沙丁鱼罐头，我也想把名字给它！"

每年，全世界销售的卡丹领带足以绕地球两圈。这是一种爱马仕享受不到的满足感。但卡丹坚信，他已经看穿了所有这些奢侈品的虚伪：

"为了把一件普通的物品变成奢侈品，他们把价格提高十倍。而我更喜欢多卖十倍的量。"

他甚至还为第三世界量身定做了一套哲学，这套哲学曾在他去那些国家旅行时风靡一时：

"我的成功源于巴西工人省下工资买了一条卡丹领带这样的事。"

由于拥有众多特许证，这位奢侈品叛逆者目前在全球雇用了约 20 万人，以他名字命名的营业额超过 100 亿法郎。他是法国排名前十的富豪，在威尼斯有一座宫殿，并持有《电影手册》

（*Cahiers du Cinéma*）杂志的大量股份。他的帝国庞大浩瀚，最重要的是，它是虚拟的，因为他自己早已不再制造任何东西。没人知道如果公司创始人消失了，公司会发生什么。这个充气帝国会立即塌陷吗？众说纷纭。美国投资银行的分析师说，在他死后公司就会倒闭。理查德·莫雷斯（Richard Morais），一位撰写了这位伟人讽刺性传记的作者，指出，这家位于马里尼大街的公司长期处于管理混乱状态，在营业额突破十亿美元大关的公司中，皮尔·卡丹是最混乱的一个。

所以，皮尔·卡丹会在死后把他的船也带入海底。在某种程度上，对这一 20 世纪最自相矛盾的冒险来说，这是一个合理的结局。而另一方面，一些专家则坚信，只要稍加努力，皮尔·卡丹的帝国很有可能在创始人死后转变为一个奢侈品牌。但无论他如何努力推销，都没有人抢着买。按照现代奢侈品的标准，卡丹根本不存在。

这位联合国教科文组织大使、法兰西学院成员、荣誉军团指挥官勋章和三次法国高级时装金顶针奖得主，出身于意大利的一个农民家庭。1926 年，他全家移居法国。14 岁时，皮尔·卡丹在圣艾蒂安的裁缝邦普伊（Bonpuis）的店里做学徒。18 岁时，在战争期间，他追随维希的裁缝曼比（Manby）精进技艺。1944 年，他进入帕金（Paquin），为让·马雷（Jean Marais）设计了《美女与野兽》（*La Belle et la Bête*）的戏服。短暂效力于夏帕瑞丽（Schiaparelli）之后，他成为迪奥的首席裁缝。当时他 32 岁，卡丹的才华和自大终于可以"展翅高飞"了。他意识到，女性生活方式的改变迟早会让高级定制时装走向死亡。他开始创造配饰和即将被称为"成衣"的服装款式，让其他顶级设计师震惊不已。实际上，是他发明了成衣。

1959 年，卡丹推出了首个系列。他那些带有巨大"PC"标志的连衣裙令香榭丽舍大街的贵妇们反感。当她们得知这些裙子在春天百货独家发售时，更是惊恐万分，认为其太过庸俗。由于这一"罪行"，卡丹被排除在高级定制时装工会之外。几年后，当他们恳求他担任主席时，他却傲慢地拒绝了。一时间，整个巴黎都像躲避瘟疫一样躲着他。幸运的是，海伦·拉扎雷夫（Hélène Lazareff）出现了，她突然用一整期的 Elle 杂志来介绍他——他成了世界明星。美国人正在寻找适合大众市场的服装设计，对他的作品充满热情。

与此同时，他与男女名流之间的绯闻不断，还为科克托（Cocteau）、维斯康蒂（Visconti）和帕索里尼（Pasolini）担任服装设计师。在 20 世纪 70 年代现代舒适的时尚潮流中，卡丹叱咤风云，他的创作灵感来自太空探索和新兴的科技革命。他从椅子中汲取灵感以设计帽子，用几何图案绘制白色长裤，推出充满飞碟与宇宙幻想的著名晚礼服，这些灵感影响了一代又一代的设计师。

为了实践他对简约、实惠和全球化的时尚愿景，皮尔·卡丹不断旅行。1958 年，他发现了"二战"后变得富裕的日本，并被认为是能够重新塑造日本女性身材的人。卡丹告诉她们，她们的身体如同水，而他的裙子就是容器：两者完美契合。1978 年，他来到中国，成为历史上第一个在北京紫禁城内举办时装秀的设计师。他频繁穿越"铁幕"，与当时的苏联进行秘密"外交"。75 岁之后，皮尔·卡丹减少了旅行次数，但他的热情丝毫不减。在送走访客时，他敲了敲自己的额头：

"差点忘了，我还拥有矿泉水的特许证……"

托德斯

改变了奢侈品行业

在全球奢侈品大战中，如何在 LVMH 和古驰等帝国的压倒性优势面前生存？为了确保销售额，皮尔·卡丹选择放弃奢侈品，转而进军大众市场。而其他一些决心继续奋斗的人则做出了截然不同的选择，他们决定改变奢侈品。迭戈·德拉·瓦莱（Diego Della Valle）就是其中之一。他旗下托德斯（Tod's）品牌的鞋如今是世界上最畅销的奢侈鞋之一，而他设计的橡胶底休闲乐福鞋，原本完全没有成为奢侈品标杆的可能。

但这位意大利人就是有重新定义奢侈品的勇气。面对自信、霸气的传统奢侈品，他推出了一个新概念——舒适的奢侈品。他所定义的奢侈品是质量、实用性和现代感的结合。他特别强调现代感，不过这与时尚无关。他的鞋子绝不能过时！每年出售的款式中，超过一半是经典款式，只稍加改良。如今，集团每年销售超过 300 万双鞋子，工作人员每天生产 15000 双手工缝制的鞋子。

简而言之，托德斯是一种生活方式，这个理念让迭戈·德拉·瓦莱成为亿万富翁。这个看似有些天真的挑战，如今已实现15亿法郎的年销售额。托德斯上市后，雇用了1000名员工，投资者对其估值达80亿法郎。德拉·瓦莱直接控制着72%的股份。他已经成为全球大亨，1999年，他与普拉达竞争切尔西品牌，正式跻身奢侈品巨头的行列。

德拉·瓦莱扮演着大亨的角色。你以为他在米兰，但他的电话从纽约打来，他在比弗利山庄开设了一家托德斯专卖店后又回到了纽约。他乘坐私人飞机旅行，而且飞机还经常更换。最近德拉·瓦莱去了一趟亚洲，这是他"征服"的新大陆。在亚洲，托德斯的销售额只占其总销售额的5%，而大多数主要竞争对手一半的收入都来自远东地区。因此，他的增长潜力巨大。

今天，人们很容易忘记，仅仅在20年前，年轻的迭戈刚刚从法学院毕业，就开始在父亲多里诺（Dorino）创办的鞋厂工作。而多里诺本身也是一位小鞋匠的儿子。

当时，和意大利中部和东部马尔凯地区无数中小企业一样，这间鞋厂为意大利和法国设计师制作精美的鞋子。1977年，迭戈在美国观看一场汽车比赛时，爱上了赛车手的鞋子：非常柔软的软皮鞋，鞋底有防滑橡胶钉。一瞬间，他对自己的人生有了一种直觉。他买了几双带回国，让工人们从中琢磨出一些新东西。一年半后，首批原型问世。不知因何缘故，也许是深入研究了顾客附庸风雅的心理，他以 J.P. Tod's 的名义推出了这一系列产品，结果却以失败告终。

随后，他有了一个意大利式的点子：免费将鞋子送给十几位名人。几周之后，他的策略奏效了。商业贵族中的翘楚、菲亚特（Fiat）的老板乔瓦尼·阿涅利（Giovanni Agnelli）穿着托德斯鞋出现在电视上。在短短20分钟内，这款带有橡胶钉的鞋子就成了炙手可热的商品，而且广告费用几乎为零！从阿玛尼到范思哲，再到华伦天奴（Valentino）和菲拉格慕，意大利人总是善于利用明星进行商业推广。

电视节目播出后的第二天，托德斯为数不多的店铺被抢购一空。他是"休闲时尚"潮流的先驱，而这一潮流很快就会催生一个巨大的市场。

由于"阿涅利效应"的成功，他完善了这一营销方法，并稍加取巧。他在第一支广告中用了加里·格兰特（Cary Grant）和奥黛丽·赫本（Audrey Hepburn）这些好莱坞巨星的形象。尽管他们从未穿过托德斯鞋，但这又有何妨？托德斯不断利用并滥用"明星效应"：公司的每篇新闻稿都不忘提及，托德斯的粉丝包括西班牙国王和好莱坞明星。

托德斯的制造工艺不仅没有被隐藏，反而被不断强调。制作一双鞋需要120道工序，而133颗橡胶钉则是手工打孔镶嵌的。托德斯的鞋子价格不菲：每双至少1300法郎，鳄鱼皮材质的更是超过6000法郎。而且这些鞋子是无法修补的！这个不经意的发现反而成了优势。难怪托德斯鞋会成为哈佛商学院著名教授迈克尔·波特（Michael Porter）喜欢在课堂上详细讲解的成功案例之一。

　　尽管带橡胶钉的乐福鞋仍然是畅销品，但这个设计已经被不断地改进和延展。继灵感来自美国赛车手的托德斯之后，公司推出了"Hogan"，设计灵感来自20世纪30年代板球运动员所穿的鞋子。对于成衣，德拉·瓦莱则被美国消防员的厚重大衣启发，设计出了带有大钩子的大衣，年轻的副线"Fay"诞生了。接下来，他或许还会推出高尔夫鞋、马球鞋等系列产品。

　　托德斯的手袋售价超过5000法郎，其他配饰也备受欢迎。古驰和普拉达这两个以皮具起家的品牌也正是以这种方式开始崛起的。如果"休闲奢侈品"能够持续存在，托德斯将会蓬勃发展。

　　然而，前提是要建立起一个能够支撑大型国际集团运营的管理架构。目前，迭戈·德拉·瓦莱和他的兄弟安德烈亚（Andrea）几乎包揽了一切事务，然而，市场不会长期容忍这种中小企业的管理方式。

CK 牛仔裤面临威胁

在美国文明中，占主导地位的哲学是加尔文主义，它毫不掩饰地赞美财富的积累。与古老的天主教国家不同，在那里，奢侈作为一种消遣，已不再是必需品，金钱是一种虚伪的禁忌，每个人都在暗地里渴望打破这种禁忌。美国没有像欧洲那样的奢侈品宗教信仰，只有对奢华舒适的崇拜。美国的顶级品牌很少能称得上是奢侈品牌。美国人习惯于将以下四个品牌归为奢侈品牌：成衣品牌拉夫劳伦（Ralph Lauren）、卡尔文·克莱恩和唐娜·卡兰（Donna Karan），以及珠宝品牌蒂芙尼。日本消费者则是真正的奢侈品专家，他们最喜爱的"五大品牌"中从未有过美国品牌——近年来，这些品牌包括：劳力士、卡地亚、百达翡丽、阿玛尼和路易威登。

美国品牌难以跨越这一门槛，并不是因为美国消费者对奢侈品冷淡。美国消费者实际上是奢侈品的忠实拥趸。诚然，意大利人仍然是在全球奢侈品上消费最多的，但美国人排名第二，超过了法国人和日本人。尤其是在最昂贵的奢侈品类别中，如名表，意大利富人通常拥有五块腕表，美国富人拥有两三块，而富有的法国人平均只有一块半。

所以，美国奢侈品的问题不在于需求，而在于供给。美国品牌，即使是最好的品牌，也缺乏一种几十年传统积淀下来的"奢华感"。对美国制造商来说，牺牲数量来保证质量是非常困难的。

卡尔文·克莱恩很好地说明了这一点。多年来，"CK"已成为美国最知名的品牌之一，这要归功于牛仔裤、香水以及一些极具争议的广告宣传。

"CK"的传奇故事是美国当代历史的一部分。它始于1968年，这是一个关键的年份，得益于克莱恩的合伙人巴里·施瓦茨（Barry Schwartz）的家人提供的1万美元。来自布朗克斯区的卡尔文是个很羞涩的小个子，喜欢喝伏特加和吃安定药片。很快，这对搭档的优缺点都显露出来了。他们知道如何创造产品，但对工业化生产一无所知。因此，他们必须与制造商达成协议。1987年，他们的第一位特许经营商 Puritan Fashion 的董事长卡尔·罗森（Carl Rosen）去世，CK 担心品牌会倒闭，于是买下了他的公司。但这两位合伙人并不知道如何处理这家公司。

1993年，在加利福尼亚州维罗妮卡·赫斯特（Veronica Hearst）的一次聚会上，他们偶然遇到了琳达·沃克纳（Linda Wachner），美国人称她为"女执行官"；而气象学家称她为……龙卷风！她早年在梅西百货公司担任售货员时就已成名，因为她发现，如果把胸罩放在衣架上而不是盒子里陈列，胸罩的销量可以翻三番。之后，她的事业一路高歌猛进。1986 年，沃克纳花了近5 亿美元买下了美国 500 强企业之一的服装厂华纳高（Warnaco）。她把这家工厂变成了销售机器。当然，她的风格有点粗犷，习惯在客户面前辱骂员工，并赤裸裸地说，在她眼里，部门经理就像纸巾盒里的纸巾，用完就可以扔掉。

对克莱恩来说，这次相遇是命运的安排。他终于找到了销售CK 内衣的最佳拍档！沃克纳甚至提出全权负责内衣生产。双方一拍即合！最初，一切进展顺利。沃克纳以 CK 品牌推出女性内衣，销售额从 6000 万美元飙升至 3 亿美元。但沃克纳想要更多。她想要牛仔裤，全都要！克莱恩认为她在这方面没有经验，拒绝了她。于是，他们的关系变得紧张起来，即使巴里·施瓦茨给他的马取名"和琳达的生活"以讨好琳达·沃克纳也无济于事。卡尔文·克莱恩最怕的是从伪奢侈品沦为普通商品，陷入皮尔·卡丹式的困境。这就是特许证泛滥的后果。像迪奥和古驰一样，为了更好地控制其发展和形象，克莱恩想要回购特许证。然而，他遇到了琳达·沃克纳这个大难题。她拥有 CK 牛仔裤的特许证，直到……2044 年！

1997 年，第一次冲突发生了。她不顾克莱恩的反对，控制了生产和销售 CK 牛仔裤的公司。克莱恩忘了在他的特许证协议中加入对潜在收购者的否决权，他陷入了困境。双方只能对簿公堂。卡尔文·克莱恩控诉他的头号经营商沃克纳，后者利用他的名字控制了大约 10 亿美元的营业额。他想收回特许证，因为他认为华纳高公司通过好市多（Costco）连锁店等低端销售渠道销售牛仔裤，损害了品牌形象。在那里，CK 牛仔裤的售价为 24.99 美元，而同样的牛仔裤在传统商店的售价为 44 美元。这种事时有发生。此前，当迪拉德（Dillard's）百货公司得知 CK 内裤也在 J.C. Penney 销售时，就停止了对 CK 内裤的销售。

就像电影里上演的那样，法律顾问团出动了。克莱恩聘请了大卫·博伊斯（David Boies），这位律师曾受联邦政府委托对微软提起诉讼。华纳高则聘请了威廉斯和康诺利（Williams & Connolly）律师事务所的精英团队，这个团队曾为伊朗门事件中的关键人物奥利弗·诺斯（Oliver North）和美国前总统比尔·克林顿（Bill Clinton）等著名客户辩护。

克莱恩声称，华纳高的董事长琳达·沃克纳故意亏本出售牛仔裤，而且裁员事先没有经过他的同意。在克莱恩看来，沃克纳是"品牌诚信和价值的毒瘤"。确实，华纳高债务缠身，以至于愿意以任何折扣出售产品。然而，华纳高也不甘示弱，向美国媒体暗示，卡尔文·克莱恩可能因为找不到买家而感到沮丧。沃克纳残酷地补充说，CK 实际上已经与"潮流"脱节了，因此，她不得不修改几个款式的剪裁。

"他放弃了他的责任，那就是创造可销售的产品！"

对卡尔文·克莱恩来说，这场无休止的战斗令人筋疲力尽。他已经受够了，是时候卖掉公司了。

但实际上，CK 值多少钱？

从潜在买家的角度来看，CK 是一个矛盾的品牌，有吸引力，但更令人担忧。有一个由高超广告机器塑造的全球形象，但产品相对普通；销售额可观，但商业结构危险。从财务上看，CK 是一个巨大的泡沫。品牌的零售额，即卡尔文·克莱恩品牌在全球销售的所有商品的总和高达 50 亿美元。但合并营业收入，即扣除品牌授权的无数许可后所得的营业收入，不超过 1.2 亿美元。

当卡尔文·克莱恩和他的合伙人巴里·施瓦茨委托拉扎德银行寻找买家时，他们要价 10 亿美元，但没有人愿意出手。通常只有对大型奢侈品牌，才值得以其营业额 9 倍的价钱去收购，然而奢侈品集团对此十分精明，不会轻易出手。CK 是内裤、牛仔裤、香水，甚至餐具，但不是奢侈品，只是普通商品。此外，在牛仔裤方面，该品牌的市场份额正在被其主要竞争对手汤米·希尔费格（Tommy Hilfiger）和 DKNY 蚕食。

不时有传言说，法国集团 LVMH 对卡尔文·克莱恩感兴趣，但在 1999 年 10 月，当这个传言再次浮出水面时，其立即遭到了否认。汤米·希尔费格提出以 8.88 亿美元收购，但这并不够。琳达·沃克纳也不差钱，她出价 9 亿美元，但要求能推出新产品，比如贴上 CK 标签的手机。克莱恩断然拒绝。实际上，没有人真正动心。法国 PPR 集团的管理委员会主席塞尔日·温伯格拒绝得最干脆：

"我们不感兴趣。在我看来，这不是一个奢侈品牌。它的分销范围太大了！”

　　到 2001 年 1 月，卡尔文·克莱恩和华纳高之间的恩怨终于尘埃落定。克莱恩和沃克纳意识到，合作比花律师费自毁更有意义。

百货商店的独裁统治

　　美国所谓的奢侈品行业在一个由大型零售商主导的领域中运行。在这个幅员辽阔、城市化程度还未达到饱和水平的国家，大型连锁店随处可见，它们的规则也主宰了一切，这对奢侈品连锁店同样适用。创意设计在这里必须规规矩矩。

　　在萨克斯第五大道百货公司、波道夫百货公司、巴尼斯（Barney's）百货公司或尼曼·马库斯百货公司里，买手们非常清楚哪些商品卖得好，根本不存在冒险一试的问题。一些买手甚至会建议设计师开发更畅销的款式。由于符合他们自身的利益，设计师们也不会介意。在美国，无论是电影还是时尚，创作者的自尊心都没有欧洲那么夸张。

　　毫无疑问，艺术创作的自主性和创新性常常在这种零售商的持续压力下被牺牲掉。只有那些最顶尖的品牌或者能够吸引到高端客户的小品牌，才能与这种压力相抵抗。这种运作模式能造就的是汤米·希尔费格，而不是约翰·加利亚诺。

美国的奢侈品百货公司与法国的巴黎春天百货公司和老佛爷百货公司（Galeries Lafayette）只是表面上相似，毕竟后两者只占法国零售业的一小部分。在美国，百货商店在国内零售业中占据了更大的份额。它们之间的竞争非常激烈，不带任何情感色彩，任何偏差都能被迅速纠正。在奢侈品类别中，竞争尤为紧张，因为利润依赖于相对较少的商品数量。纽约是它们的战场，要么卖，要么死。奢侈品百货商店的世界既迷人又苛刻。

位于曼哈顿的波道夫百货公司六层楼高的商场，可能是世界上最集中的奢侈品聚集地。在波道夫，有些顾客能在短短几分钟内花掉一大笔钱。对于品牌来说，这是一场豪赌。对每一平方米、每一个好位置的争夺战从未停止。如果一个品牌被安置在一个不好的楼层，周围的品牌过于杂乱，这可能预示着一场无法挽回的灾难。

对于那些规模较小的品牌来说，这种风险更大。大品牌，尤其是那些隶属于多品牌集团的，能够对百货商店施加友好但坚定的压力，避免问题的发生。然而，小品牌则时刻面临被退货的风险，必须不断努力以赢得零售商的信任。

或许正是出于这个原因，许多年轻的美国设计师选择依附于集团，和欧洲的情况一样。最近在苏荷区的布鲁姆街开了第一家店的纳内特·勒波尔（Nanette Lepore），就是其中最具前途的一位。她出道已有四年，设计的性感款式深受詹妮弗·洛佩兹（Jennifer Lopez）和凯特·温斯莱特（Kate Winslet）的喜爱，年营业额接近 1000 万美元。她正受到由斯蒂芬·鲁佐（Stephen Ruzow）领导的飞马（Pegasus）集团的热烈追捧。鲁佐曾是唐娜·卡兰的高管，已经收购了一些品牌，如达瑞尔·K（Daryl K）、帕梅拉·丹尼斯（Pamela Dennis）和米格尔·阿德罗弗（Miguel Adrover）。他毫不掩饰自己的最终目标——拥有 10 个品牌。当记者将飞马集团比作一个正在崛起的 LVMH 时，鲁佐没有表示异议。

然而，真正的独立设计师们必须自己闯出一番天地。以鄞昌涛（Andrew GN）为例，这位年轻的设计师经营着一家小型的巴黎高端时装屋，生产昂贵的奢侈品服装，年销售额约为 1500 万法郎。鉴于其高昂的价格，如果不想关门大吉，鄞昌涛别无选择，只能将售价 15000 法郎的裙子卖给世界上最富有的客户群。首先，在那些位于大都市的超豪华时尚圣地中脱颖而出。这些店铺没有奢华的装潢，但陈列着接近高级定制的服装，是名人们购物的首选之地。接着，这些名人会谈论他们的购物体验，制造话题。当妮可·基德曼在巴黎的柯莱特精品店购买了一件短裙时，她谈论的是鄞昌涛；当《欲望都市》（Sex and the City）的演员莎拉·杰西卡·帕克（Sarah Jessica Parker）在纽约的柯玛·扎贝特（Kirma Zabet）买了一件束胸时，她谈论的是鄞昌涛；当麦当娜在伦敦苏梅岛花 18000 法郎购买了一件镶有金色亮片的黑粗花呢大衣时，她也会让人们知道鄞昌涛——于是鄞昌涛的名字便在名流圈中口耳相传。

波道夫这种大型零售商会在这些热门的精品店中寻找未来的灵感。鄞昌涛就是在柯莱特被发现的。从那时起，他的作品便被陈列在波道夫百货公司的二楼，与香奈儿、迪奥和华伦天奴为邻。在巴尼斯百货公司，这位雄心勃勃的年轻设计师的作品被展示在五楼，与马克·雅各布、纳西索·罗德里格斯和芬迪相邻。随着成功而变得挑剔的鄞昌涛为了维护自己的形象，断然拒绝在布鲁明戴尔（Bloomingdale's）百货公司和诺德斯特龙（Nordstrom）百货公司展示自己的作品，因为他觉得那里的服务不尽如人意。他必须学会如何在高傲与务实之间找到平衡。

当然，一旦一个名字变得"炙手可热"，销售压力也会随之增加。每家连锁店都希望或要求独家经营。波道夫和巴尼斯百货同时向鄞昌涛提出了独家代理的要求，但他不愿意。同样的事情也发生在洛杉矶的比弗利山庄，来自新加坡的鄞昌涛在巴尼斯百货公司和尼曼·马库斯百货公司之间左右为难，巴尼斯是他最早的分销商，而尼曼·马库斯在西海岸的 27 家店铺网络则极具诱惑力。

美国百货公司总是小心翼翼地在与分销品牌的势力平衡中保持优势。布鲁明戴尔百货公司最近决定，不再按品牌展示服装，而是按类别展示：裤子和裤子放在一起，衬衫和衬衫放在一起，等等。其解释称，毕竟这才是顾客购物的真实方式。这种新方法的优点在于将受邀品牌与自有品牌放在同一水平。目前，他们还不打算将这一规则应用于奢侈品牌，但未来，谁知道呢？

贝尔纳和约翰

"好，开始了！"

时装秀只推迟了半小时，对大牌来说这已经是最低限度了，西德尼·托莱达诺还是示意表演开始。除了背景墙上两个巨大"CD"字母的灯光外，夏乐宫剧院的大厅笼罩在半明半暗的灯光之中，挤在天桥尽头临时脚手架上的摄影师们集体欢呼雀跃，他们刚才还大呼小叫着：

"加利亚诺，你可真烦人！"

技术人员最后一次擦亮高跟鞋要踏过的T台地面。秀场的"红领带"安保们确保所有重要嘉宾都安然落座，没人擅自坐在第一排，因为第一排是秀场成败的关键。这里规矩严苛，不容有错。第一排坐满了明星、大买家和顶尖时尚记者。时尚编辑们遵照微妙的等级被安排座位，最重要的是三大报纸的编辑：《先驱论坛报》的苏茜·门克斯、《纽约时报》的凯茜·霍林和《费加罗报》

（*Le Figaro*）的杰米·萨梅特（Jamie Samet）。得到这三位的支持是明智之选，开罪任何一个都不啻自寻死路。

在杂志界，无可争议的女王是 *Vogue* 的主编安娜·温图尔，这本杂志是全球最有影响力的时尚媒体。设计师和行业巨头们不惜一切代价争取在 *Vogue* 上展示他们的设计，而今晚和往常一样，西德尼·托莱达诺迫切想知道这位美国人墨镜背后的想法。她嘴角露出些许疲倦，这令他担忧；她浅浅一笑，又能立刻让他欣喜若狂。

灯光熄灭前，安保人员最后检查了一遍。大卫·哈莱迪（David Hallyday）坐在第二排的贝亚特丽斯·达勒（Béatrice Dalle）的旁边。阿瑟丁·阿拉亚虽然被安排在第一排，但他更愿意站在最后一排的台阶上，靠着一根黑色大理石柱子。身材高挑的娜奥米·坎贝尔（Naomi Campbell）陪伴着她最喜欢的设计师，小个子的他和女神般修长高挑的她，是一对奇特的组合。米克·贾格尔（Mick Jagger）和帕特里夏·卡斯（Patricia Kaas）一言不发，显得若有所思。

在托莱达诺的示意下，伯纳德·阿尔诺重新坐下，他的两侧是女儿德尔菲娜（Delphine）和《大开眼戒》的女配角李李·索比斯基（Lee Lee Sobieski）。李李为这次活动穿了一条长长的粉色羊毛裙，金色的卷发如瀑布般倾泻而下。这一次，灯光完全熄灭了。迪奥 2001 春夏高级时装秀正式开始。音乐声响起，摩托车发动的轰鸣声出现在背景音乐中，与歌词完全同步。随着扬声器里雷鸣般的声响，第一批模特迈着专业台步走上了玻璃 T 台。长腿的顶端是裸色丁字裤，胸部无拘无束，刻意机械化的摇摆步态充分展示出服装的流动性。

但这些挂在肚子上的衣料碎片、卷在腰带下的短裙、悬挂在肩上没有任何用途的拉链，真的是衣服吗？没人在乎这些。伯纳德·阿尔诺目不转睛地盯着这些模特。既没有为下流歌词困扰，也没有被那些请来的几万法郎一晚的模特身上的可怕布料碎片弄得不自在。这位以冷酷著称的 LVMH 董事长寒着一张脸，此刻，他冰冷的外表下暗自沸腾！

15 年前，阿尔诺将他当时并不多的全部财富押在了迪奥身上。迪奥是他一生的事业，而招聘加利亚诺是他一生中最重要的招聘决定。看看那些频频换工作的设计师们，能让雇主满意的并不多。将迪奥这样一家世界著名时装公司的创意交给加利亚诺意味着极高的风险。这个喜欢和朋友开奢华派对、言行大胆的混血设计师，本可能破坏迪奥的形象，使迪奥失去传统客户，还未必能吸引他们的女儿来穿迪奥。然而，他最终让迪奥重新站了起来。他没有失败。

加利亚诺回忆起与伯纳德·阿尔诺的第一次见面。他像是在描述一段好莱坞电影情节：

"第一次见阿尔诺先生的时候，有一辆装甲车来接我，车窗是烟色玻璃的，很有 007 的感觉。这既奇怪又令人兴奋。天色渐暗，我们悄悄潜入 LVMH 集团大楼。很多电子门，很多保镖。我被推进一部私人电梯。电梯门打开，出现一间圆形的房间，全是玻璃和镜子。那天我穿了一件薇薇安·韦斯特伍德（Vivienne Westwood）的夹克和在卡纳比街一家光头党店买的宽松长裤。突然，一面墙滑开，他出现了，身穿灰色西装，优雅极了，坚毅、迷人。一个真正的梅林法师。帅呆了！"[1]

推出"搞怪魔头加利亚诺"是一场盛大的豪赌。

约翰·加利亚诺与伯纳德·阿尔诺的关系令人费解。当然，除非你认为只要他们在一起工作，他们就是同一权力意志的两张面孔。虽然阿尔诺身边的一些人求他务必提防这个"邪恶的吉卜赛人"，小心他无法控制的创意高潮，但伯纳德·阿尔诺相信加利亚诺，就像相信自己的邪恶天使一样。不过，阿尔诺支持这位设计师还有更实在的原因。每当有嫉妒的顾问在他耳边严肃地说"这个搞怪魔头已经过头了，性感狂热该结束了"时，阿尔诺就会绕过办公桌，轻轻点击两下电脑鼠标，微笑着展示自 1997 年加利亚诺入主蒙田大道以来配饰和成衣销售的增长数据。吉卜赛人带来了利润，而阿尔诺找到了对他胃口的疯子。他的理工学院同学没人拥有这样一位同事，他敢对着人群大喊：

"在这里，我们就是迷恋女人和臀部，当然她们得穿着迪奥！"

[1] 出自《福布斯》杂志，2000 年 11 月刊。

全球女郎

在克里斯汀·迪奥的所有名言中，约翰·加利亚诺对其中一条理解得最为透彻："不管批评是好是坏，重要的是让它登上头版头条。"在媒体化的世界里，加利亚诺的时装秀都是为了最大限度地增加播出时间，制造话题。他的模特不是穿着衣服的女人，而是他用来描绘时代的人肉纪念碑，一个不断挑战"时尚"界限的疯狂万花筒。

这些真正的"变种人"，全身挂满带有拉链的破布条，下面连着高至大腿的荷叶边，薄纱在袒露的胸脯上飘荡，丝绸夹克上印有中国瓷器风格的花纹。这些衣服看似古怪，但这并不重要，原因有二：

第一，这些时髦的服装不过是为一场演出制作的戏服，这些演出将在电视上向全球播放。它们永远不会被任何人真正穿上。真正的系列是那些将出现在店铺里的衣服，可以看到，那些疯狂的设计元素已经被大大削弱了。

第二，在当晚展出的所有商品中，最重要的不是衣服，而是手袋。新款凯迪拉克（Cadillac）手袋，带有金属手柄、反光镜和车牌，是迪奥期望为其销售创造奇迹的配饰。约翰·加利亚诺是一位非常务实的艺术家。他以一个轻蔑的转身否定了他的前任："詹弗兰科·费雷？太意大利了……太多金色……过于沉重。他的设计完全是针对蒙田大道的贵妇的。"

他拒绝这一代的浮华：

"我走过很多地方，带来更全球化的视野，我的目标是那些从巴黎到伦敦再到纽约的女性。而这确实奏效了！看看店外的人行道。以前，只有游客在拍照；现在，你会看到年轻人，而且他们进来了！"

加利亚诺的策略"奏效"了。用时尚界的行话来说，他创造了流量——全球范围的流量。他懂得如何吸引那些满世界旅行的女性：

"每次发布新系列前，我都会和销售团队开会，他们会告诉我一些非常重要的事情。比如在亚洲需要轻质面料，这是日本人喜欢的触感。在湿热的国家，布料必须轻薄。情况确实改变了。客户不再仅仅是巴黎的富裕阶层。"

加利亚诺不是一个脱离实际的艺术家。销售是他关注的核心，他的营销术非常实用：

"时装秀固然好看，但真正的业绩是预告系列[1]实现的。它们占了销售额的 77%。"

---

[1] 也称季前展示系列，展示会通常在设计师的陈列室内进行，由设计师和买家直接面对面交流。预告系列的服装一般与走秀系列不同。

卡地亚不容造假

如果你长得像大侦探内斯特·布尔玛（Nestor Burma），就很难摆脱命运的安排。命运懂得等待，最终还是会追上你。当马克·弗里桑科（Marc Frisanco）加入卡地亚——这个世界顶级的奢侈珠宝品牌时，他肯定没有想到自己最终会成为一名侦探。然而，警察的工作已成为他的日常。在日内瓦，他带领着一个10人团队，肩负着一项使命—— 一项卡地亚国际董事长阿兰-多米尼克·佩兰（Alain-Dominique Perrin）决定动用一切可用资源也要达成的使命。任务简单明了：定位、确认所有在全世界卖卡地亚假货的人，让他们停止侵害行为。

对于一家出于自尊而从未授予任何特许证的公司来说，假冒伪劣产品是一种绝对的耻辱，而大多数政府对此却漠不关心！指望海关、警察和宪兵队是不现实的。制造商只能自己处理这一威胁。

唯一的办法是采取行动，直面这个比竞争对手更为严峻的威胁。其他珠宝商可能会抢走卡地亚的市场份额，但假冒行为却会吸走卡地亚的精髓。正如内部研讨会上所说的那样，假冒产品威胁着品牌的长期生存能力。对于一个品牌来说，形象是一种"无形资产"，可能占公司价值的一半以上。从这个角度看，假冒产品是战略威胁，是灭顶之灾。

这只能是一场毫不留情的战争。佩兰在纽约街头用压路机碾碎成千上万的假冒腕表，向世界宣告了这场战争的序曲。自那以后，情况每况愈下。所谓第一代造假的愉快日子一去不复返了。那些质量极差的假货，十米开外就能辨认出来。这些假表诞生在东南亚的秘密作坊里，在街头偷偷出售，骗不了任何人，游客把10美元的卡地亚假表戴上几天，然后就扔掉了。那是20世纪70年代的美好时光。

第二代假冒产品对奢侈品牌发动了一场更激烈、更隐蔽的战争。新一代的假货使用高档材料制造，包装精美，甚至在每个细节上都与真品无异，并在高级精品店出售，价格仅略低于正品。显然，这些假货不是从第三世界破旧肮脏的作坊中流出的，而是来自日本、美国或欧洲的现代化工厂。背后往往是有组织的犯罪活动。

新一代假货虽然比不上真品精致，但普通消费者根本无法识破这场骗局。这显然为罪魁祸首节省了巨额成本。在卡地亚、宝格丽或宝玑（Bréguet），开发、推出和销售一款新珠宝需要花费

3～4年的研究时间和数千万法郎，而仿制者不用花一分钱就能从这笔巨额投资中获益。

他们是名副其实的头号敌人。这种竞争不仅不公平，而且是致命的——它侵蚀着品牌的形象，尤其是在同一家店里，假货和真品并排出售时。这种情况经常发生在水货商店，即那些不属于品牌精选销售渠道但销售品牌真品的商店。

故事始于1997年初的东京。卡地亚的日本分公司向位于日内瓦的总部发出警报：市场上"三环戒指"的数量多得不正常，日本合法的水货商店里堆满了这些戒指。弗里桑科的指令和先前一样：购买可疑商品，核实其真伪。不久他们便发现这些戒指是极其精致的假货：包装完美，白色的卡地亚礼盒和保修证书一应俱全，只是编号不对。卡地亚的珠宝匠们震惊了：虽然戒指的完美程度稍有欠缺，抛光不是特别到位，但它确实使用了冷压工艺。卡地亚很快发现，就连零售商也上当受骗了。

卡地亚在全日本展开行动，向销售品牌产品的商店提出一笔交易：不提起诉讼（因为诉讼可能会拖上多年），条件是它们必须上交全部库存，并透露供货商的名字。在日本，保全面子至关重要。几个月内，几十家店铺同意了这一条件：上交库存，提供名字。卡地亚总共收回了数千枚假戒指，但仅得到了两个进口商的名字，后者坚称其对这场交易一无所知。那么，这些戒指来自哪里呢？想保住名声的两名商人毫不犹豫地回答：这些假"三环戒指"来自中国香港和新加坡。

国际珠宝界都听到了调查的风声，全球各地许多进出口公司负责人纷纷打电话到日内瓦总部，发誓与这次骗局毫无关系。在珠宝行业，最好不要得罪卡地亚。

在中国香港，弗里桑科的团队碰壁了。当地政府压根不作为，而香港侦探则开价至少 50 万美元，才肯着手调查这座城市错综复杂的商店网络。由于对警方不放心，弗里桑科飞往新加坡。这次他运气不错：被日本进口商指认的中间商立即承认他确实收到了大约 600 只假表，并递给弗里桑科一张纸条，上写有假"三环戒指"供应商地址。

弗里桑科看了看那张纸，他惊讶地发现，如果纸条上的信息属实，那么，向日本供应假戒指的公司并不在亚洲，而是在德国！纸条上写着一个类似老侦探小说中的名字——"阿尔伯特先生"，以及普福尔茨海姆地区的一个地址。此时已经是 1998 年年底了。

弗里桑科知道自己离罪犯越来越近了。他必须格外谨慎，不能在关键时刻因为急躁而失败。而且，仅仅抓住装配工是不够的，必须牵出所有供应商，彻底铲除这条供应链。

这时，弗里桑科想到了一个绝妙的主意：他没有直接联系阿尔伯特先生，而是雇佣了一家市场营销公司，向其编造了一个完全可信的故事：卡地亚打算与阿尔伯特先生建立商业关系，但想事先了解一下他的供应商。没过几天，供应商的名字就被摆在了他的桌子上。他只需向德国警方举报这些人即可。警方在供应商处发现了所有假"三环戒指"的发票。阿尔伯特先生被捕，他交代了自己的营业额：16000枚戒指，收入1000万马克。此时，弗里桑科的收获不止于此：阿尔伯特先生透露，所有戒指都经过了两家新加坡公司，而这两家公司曾向卡地亚发誓他们只收到了600枚戒指。卡地亚随即向媒体公开这两家公司的名字，导致其股价暴跌。必须让它们声誉扫地，否则卡地亚誓不罢休，这就叫杀一儆百！

在德国，所有供应商都同意支付罚款，并接受缓刑。只有阿尔伯特先生拒绝支付罚款，因此被判处2年缓刑，并被罚款400万美元。

阿尔伯特先生的履历表让卡地亚的人惊出一身冷汗。10年前，他们面对的还是一些倒卖低劣假货的江湖骗子，而现在却是另一番景象。阿尔伯特先生，67岁，能制作出几乎完美的手工抛光仿制品，他曾是德国钟表珠宝协会的成员。如此精致的假货，只有专家才能识别。

整个历峰集团都陷入了恐慌，因为集团意识到，这种弊病可能已经持续多年。如果不是骗子们急于求成，过快地涌入日本市场，业界还会误以为这些是水货市场的产品。不用说，公司的所有库存都被进行了仔细检查。讽刺的是，甚至水货的经销商也找上门来，请求卡地亚对它们的商品进行鉴定！

"德福"的爆炸性消息

2000 年深秋，古驰的高层并未意识到危险已经临近。他们正忙着准备汤姆·福特设计的首场圣罗兰成衣秀，以至于忘了，在伯纳德·阿尔诺的领导下，LVMH 集团的律师团队正在筹备下一轮对决。11 月 27 日，LVMH 发动了一场名副其实的"炮击"。伯纳德·阿尔诺集团不仅再次要求取消 PPR 集团与古驰的联盟，还根据一些来源不明的信息，指控古驰向弗朗索瓦·皮诺投怀送抱，只是为了换取大量的股票期权。LVMH 声称，这些不少于 800 万股（相当于 8% 的股本）的股票期权被秘密授予给了多梅尼科·德索莱和汤姆·福特。LVMH 进一步指出，这两人刻意隐瞒了上述事实。在伯纳德·阿尔诺看来，对这些股票期权的授予是不合理的，严重损害了古驰小股东的利益，而他正是这些小股东的首席代表。阿尔诺的公关部嘲讽地补充称：现在人们可以更好地理解，为什么古驰在 1999 年 3 月同意接受 PPR 集团的控制了。真是很会讽刺了!

阿尔诺再接再厉,假装 PPR 集团与古驰的联盟已经动摇。他宣布,LVMH 完全愿意通过一家银行向古驰提供与 PPR 集团增资时相同的金额,即 30 亿美元。他愉快地承诺不会超过古驰股权的 20%,以此来安抚古驰的股东,试图绕过"德福"——德索莱和福特。

在古驰内部,汤姆·福特和多梅尼科·德索莱所获股票期权的数额一经披露,便引起了人们的震惊、愤怒,也让有些人感到开心。短短几个小时,LVMH 集团的新闻就传遍了全球。首先是法国。在法国,"股票期权"这个词仍然意味着阴谋、腐败、欺骗国家的行为,特别是自从埃尔夫·阿奎坦公司前董事长菲利普·贾弗雷(Philippe Jaffré)离职时,手中仍拥有 2.5 亿法郎的股票期权后。然而,公众却不知道美国现任财政部部长保罗·奥尼尔(Paul O'Neill)在加入布什政府前,他的公司美国铝业公司给他分配了 400 万股期权。在法国,这个词尤其令人深恶痛绝,因为大多数人完全不知道它是如何运作的。即使在所谓的商业精英中,也只有极少数人明白,期权并不是股票,并不意味着投票权,而且它与价格阈值挂钩:如果公司管理层不能将公司股价推高到该阈值以上,期权持有者就无法获得任何收益。

在听到 LVMH 的声明时,公众震惊地发现,一年前被钉在耻辱柱上的菲利普·贾弗雷所涉及的金额,与古驰在 PPR 集团的支持下送给两位高管的"礼物"相比,简直是小巫见大巫。事实上,如果古驰集团继续保持其出色的表现，这两位高管的潜在收益，也就是他们从期权中合理预期的增值，将远超 10 亿法郎。

尽管局势紧张，但古驰至少在短期内有了一线喘息之机：LVMH 在其声明中由于误读了一份文件，在计算中犯了一个错误。实际上，授予这两位高管的期权数量不是 800 万，而是 500 万～525 万。尽管这个数字仍然相当可观，但对手的失误给了德索莱反击的机会。11 月 29 日，古驰指责 LVMH"故意传播虚假信息，试图攻击两位主要高管的诚信，以损害一个强大的竞争对手"。古驰借此机会反驳了其他指控：

"与 LVMH 的指控相反，德索莱和福特先生的新雇佣合同是在与 PPR 集团签订战略投资协议之后才谈妥的。"

作为一家受荷兰法律管辖的公司，古驰本可以采取低调策略，等待风波平息。然而，古驰也作为外国公司在纽约上市。美国人对财务透明度有着高度的重视。为了进一步打压伯纳德·阿尔诺，古驰的两位高管决定立即公布他们合同中最私密的细节。

在商界，这种公开展示个人合同的行为极为罕见，但形势严峻，必须做出有力反击。有人指责古驰的高管是"卖国贼"？那么就必须毫不留情地反击。古驰公布了这两位高管的股票期权计划。

合同非常慷慨，尤其是汤姆·福特的合同。在 1999 年 12 月至 2004 年 6 月，汤姆·福特获得了 400 万份股票期权，其行使价格将分批提高：75 美元 100 万份，90 美元 100 万份，110 美元 100 万份，135 美元 100 万份。在翰威特咨询公司（Hewitt Associates）的监督下，福特公司和古驰公司的律师在 1999 年 6 月至 12 月进行了极其艰难的谈判。翰威特咨询公司是世界著名的薪酬咨询公司，在 30 多个国家设有代表处。总的来说，福特的合同是经典的中长期激励合同，旨在让他在中期内保持忠诚，同时设定了雄心勃勃的目标：如果福特希望在最后一段期权上实现增值，那么到 2004 年，古驰的股价必须超过 135 美元，几乎是 1999 年股价的两倍！塞尔日·温伯格曾试图将这个门槛提高到 140 美元，但最终不得不让步。然而，汤姆·福特则在几个方面做出了让步。他同意降低薪酬和奖金，提高绩效奖金门槛，最重要的是，他放弃了推出自己奢侈品牌的计划。不管怎样，如无意外灾难，他的财富是有保障的。如果古驰的股价在 2004 年前从 75 美元翻番到 150 美元，那么汤姆·福特将获得 1.9 亿美元，按 2000 年的汇率折合便是 13 亿法郎。

从没有任何企业向高管提供如此大量的期权，或许只有高科技初创公司才能与此相比，而古驰这个有着百年历史的奢侈品牌显然不在其列。这种丰厚的薪酬反映了古驰和 PPR 集团确保汤姆·福特留任的迫切需要。福特凭借其出色的才华和一定程度的自负，成功地让人们认为他是不可替代的，他不仅是天才设计师、富有创造力的艺术总监，他本身就是古驰成功的代名词，就像汤姆·克鲁斯（Tom Cruise）或莱昂纳多·迪卡普里奥（Leonardo DiCaprio）这样的顶级演员凭借高超演技确保电影的成功一样。这个比喻尽管有些牵强，但它为这种天价薪酬提供了合理的解释。

毕竟，一个顶级演员有时能拿走电影预算的 30%！

是谁给了汤姆·福特如此丰厚的报酬呢？是薪酬委员会的三位监事会成员：阿德里安·贝拉米，这位在前文出现过；卡雷尔·武尔斯坦（Karel Vuursteen），喜力啤酒（Heineken）的董事长，荷兰商界的领军人物；塞尔日·温伯格，PPR 集团的老板。很难评估这三个人和德索莱比谁更有手段。回忆起那次艰难的决定，塞尔日·温伯格说：

"当然，巨大的金额让我感到震惊，但我们必须尽一切努力确保像汤姆·福特这样的天才能够留在古驰集团，并积极参与圣罗兰的复兴。"

德索莱则用他惯常的俏皮话应对：

"别逗了！ 400 万份期权并不夸张。法国人就喜欢大惊小怪。"

当他被质问到自己所获得的 100 万份期权时，他又开起了玩笑：

"没错，我拿的薪水简直少得丢人！"

每当谈及股票期权，他总会提到伯纳德·阿尔诺："你们认为阿尔诺那超过 120 亿美元的资产是靠工资攒下来的吗？"

显然，如果古驰的股票大幅上涨，所有股东都会受益，包括……LVMH。伯纳德·阿尔诺的集团拥有约 2000 万股古驰股票。假设这些股票在 4 年内从 75 美元涨到 150 美元，略高于目标价位，LVMH 便可以通过出售这些股票获得 15 亿美元的增值。当然，前提是能找到买家。出售如此大量的股票并非易事。例如，伯纳德·阿尔诺所信赖的高盛银行将收取 15% 的佣金。

那么多梅尼科·德索莱呢？就像足球俱乐部主席的薪水总是低于顶级射手一样，虽然德索莱是古驰的董事长，但他的待遇远不如首席设计师福特。准确地说，有 4 倍之差。但这也是公平的。真正的天才设计师寥寥无几，尤其是像福特这样愿意参与业务细节的设计师，而出色的管理者相对而言则容易被替代。德索莱对此并无异议。他的薪酬是这样的：1999 年至 2003 年，他获得了 30 万份 75 美元的期权、25 万份 90 美元的期权和 22.5 万份 110 美元的期权；如果他的合同延长一年，超过正常退休年龄，他还将获得 25 万份 135 美元的期权。如果股票价格翻倍至 150 美元，他将获得不到 5000 万美元的收益。这与汤姆·福特的收益相比简直是微不足道！

德索莱坚称他对金钱并不感兴趣。他的基本工资保持不变。他暗示，监事会曾考虑给他分配 400 万份期权，但他选择只要 100 万份。塞尔日·温伯格则讲述了一个感人的故事来说明这位律师的无私奉献精神。据说多梅尼科·德索莱拒绝任何加薪，但在监事会的强烈压力下，他无奈地做出让步：古驰将向慈善机构捐款，而他个人也会捐出相同金额。

在 LVMH 发布"丑闻公告"的几天后，事情尘埃落定。古驰通过愤怒抗议和毫无保留的透明度漂亮地应对了这场危机，成功将 LVMH 描绘成一个为了复仇而不择手段的竞争对手。但这场较量显然还没有结束。

伯尔鲁帝风味的古驰

如果你去伦敦，建议避开康德街！否则钱包会遭殃。康德街紧邻伦敦的主要奢侈品大道老邦德街，一幢幢被粉刷得无可挑剔的小洋楼底商的橱窗里，奢华商品琳琅满目。像普拉达或博柏利这样的大品牌都选择了在老邦德街设店，而康德街则吸引了更为精致、更为独特的品牌，如伦敦最时髦的设计师之一——薇薇安·韦斯特伍德——的店铺。

为了安全地逃离这一奢华陷阱，行人最好加快步伐，奋力挺进皮卡迪利街，那里的价格更加亲民。然而，1999 年 11 月 17 日的傍晚，两名男性在康德街徘徊。夜幕降临，街灯初亮，而这两人似乎并不急着离开。他们不是游客，看起来更像艺术家或广告人。他们没有那些闲来无事、靠做白日梦来消磨时间的人才会有的懒散。二人并没有在橱窗前流连，而是目标明确，迈着坚定的步伐走在街道中央。现在，他们正走进 43 号，伯尔鲁帝（Berluti）

鞋店。

　　他们显然是品位高雅的人，因为这家店的鞋子据说是世界上最漂亮的。他们立刻开始试穿几款鞋子。两个人同时试穿，店里就显得有些拥挤了，店员忙前忙后。他们立刻注意到，这两人的行为与普通顾客不同，他们没有端详那些精美的款式，感受皮革的光泽，或者沉浸在鞋店独特的氛围中。完全没有！只是漫不经心地听着店长讲述传奇故事。他们想买三双鞋，仅此而已。他们看起来更像是鞋子的采购员！

　　打从 1895 年起，伯尔鲁帝就是一家靴子制造商，但更久以前，它是一间橱柜工坊。在这里，"鞋子"这个词根本不存在，这里的鞋子是一种极致的艺术，一种真正的哲学。20 世纪 60 年代，塔尔比尼奥·伯尔鲁帝（Talbinio Berluti）得出结论：脚能表达主人的思想。他将脚分为五类："自命不凡""知性""脆弱""受虐狂""缺乏同情心"！也许有一天，历史会告诉我们，阿尔弗雷德·西尔文（Alfred Sirven）到底站在哪一边，他是埃尔夫事件的主要证人，他在马尼拉家中的卧室橱柜里只有伯尔鲁帝皮鞋。

　　在这里，穿鞋是一种神秘的仪式，就像演奏大提琴或祈祷一样。而康德街的伯尔鲁帝专卖店既是舒适的英式俱乐部，也是皮革之神的圣殿。

　　伯尔鲁帝已经建立了一个名副其实的顾客部落，其中包括巴勃罗·毕加索（Pablo Picasso）、亚里士多德·奥纳西斯（Aristote Onassis）和弗朗索瓦·特吕弗（François Truffaut）这样的名人。

新成员靠口碑吸引而来。在这个部落中，统治者是创始人托雷洛(Torello) 的侄女奥尔加·伯尔鲁帝 (Olga Berluti)。在巴黎马博夫街的店铺辛勤服务 40 年后，奥尔加现在退居到玛黑区的工作室，但仍然在宣讲她的教义。奥尔加满头灰发，身材矮小，对脚的灵感使她将购买鞋子这件事变成一场秘密仪式，一次品味的洗礼。和香奈儿一样，她知道奢侈品的对立面不是贫穷，而是庸俗。实际上，她想让伯尔鲁帝远离普通奢侈品的"喧嚣"。不局限于伦敦，在巴黎，马博夫街是蒙田大道旁的一个宁静港湾；在米兰，她避开了蒙特拿破仑大街和斯皮加大街，转而选择皮埃特罗·维里大街。一些美国大客户正在为她未来的曼哈顿精品店寻找店址。

奥尔加对客户有着很大的吸引力。她发誓，在 40 年里，只有不超过两名客户在试穿她推荐的鞋子后没有购买。事实上，她有时甚至会建议顾客不要购买，因为她觉得他们不够"伯尔鲁帝"。毕竟，这里的鞋子确实价格不菲，但对于走进店铺的人来说，这根本不成问题。最简单的成品鞋价格为 3800 ~ 5000 法郎，而量身定制的款式则轻轻松松卖到 15000 或 20000 法郎，这是法国前外交部长罗兰·杜马（Roland Dumas）告诉我们的。在伯尔鲁帝，人们毫不犹豫地为所谓的"灵魂附加值"买单。这种"灵魂"象征性地以一块手工制成的小皮革片的形式存在，并由制靴大师签名，称为"阿尼玛"(anima，在拉丁语中意为灵魂)。伯尔鲁帝的客户从未抱怨价格过高。在过去，当月末出现资金紧张时，店铺会打电话给顶级客户，询问他们是否需要多买几双鞋。传言说，科特迪瓦律师戈麦斯（Gomez）先生拥有超过1000双伯尔鲁帝鞋子！虽然价格不菲，但这绝对不是问题。否则，伯尔鲁帝的营业额也不会在5年内从500万法郎上升到5000万法郎。这归功于LVMH集团的投资。

这一成功的亮点是：伯尔鲁帝并没有大量推出新款。奥尔加·伯尔鲁帝专门为日本市场设计了一款以"文身"命名的鞋子。它由一整块皮革组成，上面印有图案，没有接缝。而更年轻、更休闲的"俱乐部"款也非常受欢迎。

回到康德街的店铺。两位顾客已经准备离开。第一位拿了一双"文身"款；第二位似乎犹豫不决，带走了一双"文身"款和一双"俱乐部"款。他们分别在16:35和16:38用信用卡付款，这些付款记录被店铺的财务部门保存。

几个月后，意大利北部著名室内设计师卡洛·兰帕齐（Carlo Rampazzi）打电话给奥尔加，他是店里最受欢迎的顾客之一。他激动得语无伦次，于是奥尔加让他重复了两遍，她才终于明白。兰帕齐很肯定地说，他在一家古驰店铺的橱窗里看到了伯尔鲁帝鞋。作为古驰鞋的忠实粉丝，他很纠结，他在电话里喊道：

"这些鞋子在意大利到处都是！必须做点什么，否则你的品牌就完了！"

奥尔加最初不以为意。谁会在乎被模仿呢？她自信自己能够不断创造新的款式。她还没有意识到问题的严重性。数以千计的正品伯尔鲁帝鞋流通于市场，而如果打着古驰标签的仿品以万计出现，这将是对品牌形象的巨大打击。

2000年2月，在米兰的古驰男装秀上，模特们穿的鞋子酷似伯尔鲁帝的"文身"款和"俱乐部"款。更多的爱好者开始警觉，纷纷致电位于马博夫街的总部。到了2000年7月，从东京到洛杉矶再到欧洲，伯尔鲁帝的"部落"进入了红色警戒状态。伯尔鲁帝董事长贝特朗·斯塔拉-布尔迪永（Bertrand Stalla-Bourdillon）在圣奥诺雷街的古驰店里，通过一名公证人扣押了六双样品。在此之前，他亲自购买了一双可疑的鞋子，并交给知识产权保护部门进行鉴定。所有伯尔鲁帝的款式都有专利保护。专家们仔细研究了古驰的样品，结果这些鞋子没能通过"七处错误"测试。如果两双鞋子之间存在至少七处不同，哪怕是细微的，那就不能构成抄袭。很显然，这些鞋子确实是抄袭品！

在一个8月的夜晚，伯尔鲁帝致电巴黎的柯莱特精品店，这家店以出售最时尚和奢华的商品闻名。伯尔鲁帝警告他们，一位公证人即将到访。次日清晨，在公证人到达之前，那些仿品已经从橱窗中消失了。8月14日，斯塔拉-布尔迪永以抄袭罪起诉了古驰法国公司，要求赔偿200万法郎，并在媒体上刊登法律声明。

古驰的高层对此事感到震惊。通常，在涉及抄袭的案件中，事情并不会发展到如此地步。大家通常会私下解决。带着几分讥讽，古驰的一位发言人解释道：

"在男鞋设计方面，创造力是有限的。款式总是重复，这就是现实。"

确实，通常大家会达成和解。可疑的款式被撤下，事情也就告一段落。而这一次，伯纳德·阿尔诺的法律顾问皮埃尔·戈德启动了大规模的法律行动。首要目标是古驰：LVMH 仍然对 PPR 集团抢走古驰耿耿于怀！任何复仇的机会都不能放过。

显然，古驰极度集中的创意流程成了它的致命伤。既然汤姆·福特一向是最终决策者，那么他便成了抄袭的直接责任人。在伯尔鲁帝的猛烈反击下，古驰惊慌失措，不得不同意伯尔鲁帝的所有要求，甚至同意从全球各地的所有古驰店铺中撤下被指控的款式。然而，古驰并未履行承诺。毕竟，向尼曼·马库斯百货公司、萨克斯第五大道百货公司或巴尼斯百货公司等美国高端连锁店解释并要求它们撤回这些款式并不容易。

由于古驰的拖延，法律最终站在了伯尔鲁帝一边。2001 年 1 月 23 日，巴黎大审法院第三庭做出了判决。法院认定古驰在销售其型号为 110/1503/0 和 111/5276/0 的鞋款时，抄袭了伯尔鲁帝的 1494 和 902 款式，构成了"抄袭行为"。处罚极为严厉：所有在法国的库存被撤回，支付超过 100 万法郎的赔偿金，并在媒体上刊登丢脸的公示。

若非牵涉到 LVMH 的死对头古驰，这一事件也许永远不会发展到如此严重的程度。如今，制鞋业已恢复正常。也许有一天，我们会知道 1999 年那个下午，在伦敦康德街，那两个匆匆离去的神秘顾客到底是谁。

美国证券交易委员会、谎言与股票期权

在战争艺术中，利用敌人的漏洞是再自然不过的事情。在与古驰的多次交锋中受挫之后，可以想象 LVMH 的律师们在 2000 年夏天的某个早晨看到桌上一封信时的欣喜。这封信的开头是这样的：

"先生们，在你们与古驰的战斗中，真相远比你们和你们的律师们所能想象的还要糟糕……"

在英美商业界，这种夸张的语言并不常见，但也足够耐人寻味。这封信充满了神秘感，仿佛是好莱坞电影海报上为了吸引观众而写下的句子。

信是匿名的，包含两个相当严重的英语语法错误，但始终不失煽动性。用词充满感情，还带有一丝东方色彩。作者继续写道：

"你们和员工、小股东一样都被欺骗了，因为你们无法想象多梅尼科·德索莱和汤姆·福特的狡猾程度……"

作者是非分明，将自己的行动视为正义的。最后用一种仿佛出自《夺宝奇兵》（*Indiana Jones*）剧本般的悬疑语气宣布：

"你们将会在这四份文件中找到真相的钥匙。"

信封内有四份文件，这些文件对 LVMH 来说是一个法律上的奇迹："塔特尔文件"。

文件以作者阿兰·塔特尔（Alan Tuttle）的名字命名，他是古驰的法律总顾问，也就是负责法律事务的主管。现在，让我们仔细看看这份文件，不到两页纸，文件日期是 2000 年 8 月 1 日。有一点是肯定的：那一天，阿兰·塔特尔产生了自我怀疑。作为法律总顾问，他不仅是法律事务负责人，更是集团秘书长，代表着集团的合法性，甚至要承担信托责任，并对他所采取的每一个行动承担个人责任。因此，他写的每一句话都意义重大。

在这个夏日，阿兰·塔特尔感到有必要将心中的担忧写下来。他绝不可能向集团外的任何人谈论此事，这会被视为严重的背叛。在集团内部泄露这些疑虑同样不可想象。在一家大企业内部，尤其在高层，怀疑是不被允许的。因此，阿兰·塔特尔决定向历史倾诉，他给自己写了一份备忘录。他坐在电脑前，没有经过秘书的审阅，亲自写下了一份档案备忘录，准备存档。这种备忘录通常被用来澄清前一份文件中的不明确之处，或者记录讨论中的论点，也可以用来在某项复杂操作中保护自己、解除自己的责任。一般情况下，这种备忘录会被永远锁在抽屉里，除非出现特殊情况。

在这起事件中，所有这些原因混杂在了一起。前一天，古驰向美国证券交易委员会提交了"20F"报告。这是一项年度例行的重要工作，每家在纽约证券交易所上市的公司都必须提交完整的财务数据给华尔街的监管者——美国证券交易委员会。因此，"20F"的相关准备工作非常细致。那么，究竟是什么让阿兰·塔特尔如此烦恼？

答案就在备忘录的标题中："关于福特和德索莱期权的会计处理"。回想一下：就在一个月前，古驰的股东大会投票通过了新增600万期权的计划，目的是"吸引和留住有才华的高管"。在那次大会上，无论是古驰内部还是外部，没人知道这些期权将被授予谁，更不用说其中500万是为福特和德索莱保留的。而之所以没有人知道，不仅是因为荷兰法律允许保留一定的隐私权，更重要的是，知情者也希望此事保密。

为了澄清自己的想法，阿兰·塔特尔在屏幕上列出了一份简短的年表，以电报的形式记录了期权分配前的事件，只保留了主要事件。他写道：

"1999年6月，古驰监事会授权多梅尼科·德索莱开始就汤姆·福特的新合同进行谈判，因为自签署战略投资协议以来，福特的职责已经大大增加。"

用正常的语言来说，这仅仅意味着汤姆·福特现在负责圣罗兰的扭亏为盈，同时继续履行他在古驰的职责，他应该得到一些额外的奖励，这是显而易见的。

在下一行中，法律总顾问补充道：

"1999 年 6 月 22 日，集团通过德索莱先生并在董事会的全权授权下，决定在股东批准发行足够的股票数量的前提下，授予福特先生 400 万股票期权。"

仔细阅读这句话，你就会立刻明白为什么 2000 年夏天的某一天，阿兰·塔特尔的备忘录会被秘密送达位于巴黎霍什大街 30 号的 LVMH 集团总部。你也会明白为什么这会引起轰动。

现在回顾一下多梅尼科·德索莱于 2001 年 1 月 10 日向阿姆斯特丹法院企业厅提交的声明。在这类似于宣誓书的文件中，古驰的董事长写道："在 1999 年 6 月的最后几天，也就是与 PPR 集团结盟 3 个月后，福特先生的代表找到古驰，提出了新合同的条款，包括要求分配购买 400 万股股票的期权……"

此外，他还总结道：

"经过 6 个月的艰难谈判，董事会于 1999 年 12 月 13 日接受了新合同的条款。"

在德索莱的声明中，缺少了阿兰·塔特尔提到的 1999 年 6 月 22 日这一日期，即汤姆·福特获得期权的日期。至少可以说，这是德索莱的一个遗漏之处。但是，这一遗漏之处意味深长。从他的声明中可以明显看出，他试图尽量将福特合同的日期与 1999 年 3 月 19 日（古驰与 PPR 集团结盟的日期）分开。另一方面，LVMH 高层的目标完全相反：尽可能地缩短这些日期之间的距离，最好让它们"交叉"，以便确凿地证明所谓的"腐败"罪行。

古驰的董事长是否陷入了自己的陷阱？为了将两个日期分开，

他是否有意隐瞒了一个日期，仅仅因为在 2001 年初，他还不知道塔特尔文件已经落入了竞争对手手中？古驰的管理层对此矢口否认。

对 LVMH 来说，这简直算不上胜利。一位负责人仍然愤怒地仰天长叹：

"如果他们在这件事上撒谎，他们就可能会在所有事情上撒谎！"

阿兰·塔特尔不是骗子。他只是陷入了一种无法自拔的处境，在公司内部规定、美国证券交易委员会规定和历史现实这三种互不相容的要求之间纠结。这些日期根本对不上。古驰不希望将 1999 年 6 月 22 日作为正式授予期权的日期，甚至连 1999 年 12 月 13 日也被排除在外。为什么？因为无论是哪一个日期，根据国际会计准则，授予都是非法的。塔特尔的备忘录对此毫无隐瞒。经过"长时间的讨论"，审计公司普华永道（Pricewaterhouse Coopers）警告称：未经股东批准，授予是非法的。正如我们所看到的那样，股东在 2000 年 6 月 22 日批准发行 600 万期权。因此，普华永道顺理成章地建议，授予期权的正式日期应为 2000 年 6 月 22 日，以符合美国现行的《公认会计实务》（Generally Accepted Accounting Practices）。2000 年 6 月 22 日便成了正式日期！那么现在一切都说得通了吗？

事情并非那么简单！如果将日期定为 2000 年 6 月 22 日，那么期权的行权价格——汤姆·福特坚决不愿意修改的价格——将明显低于当天的市场价格，这与古驰的官方管理原则相悖。因此，在前一天发给美国证券交易委员会的那份著名的"20F"文件中，分配给汤姆·福特的400万期权仅出现在"后续事件"的段落中，而没有被列在正式的表格中。然而，美国证券交易委员会的规定却毫不含糊：任何在寄送前一个月内决定的期权授予（在本次事件中，即2000年6月30日之前），都必须出现在表格中，与所有尚未行使的期权一同列出。

但是，问题在于：如果放在表格中，就必须披露行权价格的范围，这是不可能的！

我们记得，福特期权计划的第一批次的行权价格为75美元。这个价格是在1999年6月确定的，因为当时的市场价格为67美元，75美元高于市场价。但是，如果将官方授予日期定为2000年6月22日，这个75美元的行权价格就低于当时的市场价格（97美元）了。这让古驰的高层非常头疼，因为他们的一个重要原则是从不以低于市场价格的行权价授予期权，即从不让期权"有内在价值"，也就是绝不赚钱。但是，他们已别无选择。根据美国的会计规定，古驰必须将每股22美元的差额记为亏损，并将其从2000年下半年的利润中扣除。如果考虑到福特和德索莱的期权，总额至少达到2900万美元。显然，这个二人组价格不菲！

塔特尔的备忘录并没有证明在古驰与PPR集团结盟之前就已

承诺给汤姆·福特的 400 万期权。它只是揭示了管理层在会计处理上的某种奇怪的灵活性。不得不承认，在违反美国证券交易委员会规定和绕过会计惯例之间，选择确实是艰难的……

格拉夫顿街的垃圾桶

　　"注意！看好你的袋子！"

　　多梅尼科·德索莱气得发狂。自从塔特尔文件被泄露到了LVMH总部，他就向全世界的记者大发牢骚，指责伯纳德·阿尔诺集团的恶行，暗示他们是盗贼。

　　到底是谁偷了塔特尔文件？

　　在伦敦的格拉夫顿街4号，古驰的高层们焦头烂额。一份关于汤姆·福特股票期权的非正式和高度机密的简单文件，存放在集团法律总顾问阿兰·塔特尔的私人档案中，怎么会跑到LVMH的保险箱里，然后又在阿姆斯特丹上诉法院的企业法庭听证会上重现？自从1999年初与LVMH全面开战以来，这还是第一次如此接近侦探小说情节——或者更确切地说，接近美国人钟爱的"企业惊悚片"情节。古驰的高层们陷入了各种离奇的猜测中。会不会是LVMH贿赂了一名电话公司或电力公司的员工，让他们假借维修之名，潜入高层办公室搜寻呢？他们坚信 LVMH 愿意不择手段地证明弗朗索瓦·皮诺"买通"了福特和德索莱。甚至有传言说，有"秘密机构"能够做到这些。

然而，古驰的负责人坚决否认内部出了叛徒，比如某个嫉妒汤姆·福特丰厚报酬的愤怒高管。要理解他们为何如此强烈地排斥这种假设，不妨快速参观一下这栋典型的伦敦时尚白房子，它是古驰的总部所在地，而集团的法定地址在阿姆斯特丹，制造基地在佛罗伦萨郊外。

在格拉夫顿街 4 号，除了创意团队，以及他们堆在地下室拱顶内的无数设计模型，只有高级管理人员。而他们中间出了内鬼的想法简直令人震惊。受害者阿兰·塔特尔在三楼办公，多梅尼科·德索莱在四楼，同样还有负责集团并购的"M&A"团队。他们掌握着古驰最机密的工业和财务秘密。因此不难理解多梅尼科·德索莱为何会感到如此不安。这些高级管理人员中，最近几个月没人离开集团。如果出了叛徒，那么这个人依然在他们之中。这真是令人毛骨悚然！德索莱宁愿不去想这件事。他下令进行内部小型调查，然而没有结果，仅仅发现"塔特尔文件"在集团内部只被两个人看过：塔特尔本人和首席财务官鲍勃·辛格（Bob Singer）。这两人都没有任何嫌疑。

现在要说到一个重要细节了，这个细节会让福尔摩斯欣喜若狂。伯纳德·阿尔诺的得力助手皮埃尔·戈德收到的塔特尔备忘录至少有一处严重的语法错误。阿兰·塔特尔对此记忆犹新：

"我第一次打印备忘录时发现了错误。看到这些错误后，我把那张纸扔进了垃圾桶并进行了修改。我随后用传真发给某些人的版本是没有任何错误的。因此，LVMH 收到的是我扔进垃圾桶的那份副本。"

有人翻过了古驰伦敦总部的垃圾桶。这种行为也太低劣了！

无奈之下，德索莱尽量显得不那么危言耸听：

"这是一起盗窃案。我已经要求警方展开调查，找出小偷。"

盗窃？真相总是不像看起来那么简单，法律的道路也是曲折的。在法国，同样情况下，这无疑是盗窃，任何持有该文件的人都可能因收受赃物而被起诉。但盗窃案发生在伦敦，而送达 LVMH 的只是复印件。英国法律并不承认信息赃物的罪行……

日期游戏

对于 LVMH 来说，揭露古驰的恶意已经成为一种使命。在持续不断地解读古驰高层的言行记录时，LVMH 经常借助美国证券交易委员会，所有重要文件都在那里存档。古驰也是如此。在堆积如山的文件中，有一份由大卫·卡茨（David Katz）撰写的声明，卡茨是一位专门处理并购事务的律师。他是沃切尔、利普顿、罗森和卡茨（Watchell, Lipton, Rosen & Katz）律师事务所的四名合伙人之一，是纽约法律界的知名人物。自 1997 年以来，他多次为 PPR 集团效力，特别是在 1999 年 3 月 19 日签署《战略投资协议》（*Strategic Investment Agreement*）之前，他全程参与了所有谈判。从那时起，他代表 PPR 集团处理与古驰和 LVMH 相关的法律事务。2001 年 1 月 10 日，与多梅尼科·德索莱一样，他向阿姆斯特丹上诉法院的企业法庭提交了一份声明。

卡茨在证词开头指出："PPR 集团没有与古驰或其任何高层，

包括多梅尼科·德索莱和汤姆·福特，就未来的薪酬（或考虑增加薪酬），或任何古驰期权的授予达成任何协议（书面或口头）。"

接下来的段落很有趣，因为它提到了 PPR 集团管理委员会主席塞尔日·温伯格在 1999 年 3 月 19 日之前与多梅尼科·德索莱和汤姆·福特的对话。对温伯格来说，当时的关键是确保福特会继续留在古驰。卡茨写道：

"由于 PPR 集团希望确保福特先生继续为古驰效力，因此在与古驰签订《战略投资协议》之前，PPR 集团要求福特先生承诺不行使购买 200 万股古驰股份的任何期权，这些期权是根据 1998 年 2 月 26 日的一份合同授予他的，并限制他在 2000 年、2001 年和 2002 年行使这些期权。福特先生同意了。"

根据 PPR 集团的说法，这就是 1999 年 3 月汤姆·福特和 PPR 集团签署的唯一一份文件。

那么，福特接受了什么交换条件呢？

这是一个合理的问题，尽管 LVMH 在提出时有些过于残酷。

让我们回到 1999 年春初的背景下。在 3 月 19 日的前几天，德索莱准备在保持多年的独立性之后，将集团的控制权转移给 PPR 集团。PPR 集团准备注资 180 亿法郎来支持古驰的多品牌战略，显然希望古驰能保持其品牌特色，也就是说，希望汤姆·福特能够继续留任。

这对双方的利益都有巨大牵涉。想象一下，汤姆·福特会在没有确保回报能匹配他的野心和责任之前就轻易涉险吗？显然不会：这位美国人是一名精明的商人，身边有一大群律师。他更是处于强势地位：没有他，就没有古驰。然而，多梅尼科·德索莱对这种"荒谬"的理论不屑一顾：

"1999年3月，我们根本没有能力要求任何东西。相反地，他是一个非常危险的捕食者，因为他也是竞争对手，正在蚕食我们的资本，而我们无力阻止。突然，皮诺出现了，提议大规模资助我们的发展，提供30亿美元。这对我们来说是天赐良机。你称这为强势地位吗？"

那么，汤姆·福特到底想要什么？这个问题的答案包含在多梅尼科·德索莱在2001年初提交给企业法庭的声明中。在描述古驰与汤姆·福特的律师为重新谈判合同而进行的会谈时，古驰的董事长毫不掩饰美国人的要求。他写道：

"关于新期权的授予，福特先生的律师一开始就提出了他要求获得400万股期权，作为一个'主要要求'，实际上这是一个'必要条件'，否则他会另寻高就。"

关于这400万股期权，很明显，福特从未打算妥协。皮纳尔、温伯格、德索莱三人何时达成了协议还有待考证：如果我们相信德索莱的话，那就是在1999年12月13日；如果我们相信阿兰·塔特尔的话，那就是在1999年6月22日；或者更早？是否在签署《战略投资协议》前一天，即3月18日，他们就已经同意了？那天，我们记得，多梅尼科·德索莱紧急召集了监事会。那些无法出席的人则通过电话参与讨论。会议在两小时内通过了决定：以每股 75 美元的价格将控制权转让给弗朗索瓦·皮诺，没有控制权溢价，没有公开收购，但皮诺向古驰的现金储备注入了 180 亿法郎。没有证据表明，汤姆·福特提出的 400 万份期权的要求在当天得到了口头认可。除非 LVMH 保险库中那三个神秘文件包含相关的揭示，否则 LVMH 不太可能证明这一点。

在那个冬天的末尾，有一件事是肯定的：那份塔特尔文件给 LVMH 的律师们带来了新的希望。他们确信自己已经掌握了关键，并准备在下一个回合，即 2001 年 1 月 25 日，策划一次大型媒体活动。

那天，当皮埃尔·戈德从巴黎乘坐集团的私人飞机抵达时，他身边跟着三位法国经济媒体的记者，这让对方阵营极为愤怒，认为这是对伯纳德·阿尔诺阵营的隐性支持。多梅尼科·德索莱则与他的律师们单独到达。LVMH 的董事长为了保持中立，并没有出席。

荷兰阿姆斯特丹上诉法院企业法庭的法官们再次听取了双方的论点。他们可能已经有些厌倦了。像往常一样，LVMH 请求取消古驰在 1999 年 3 月进行的增资，这次增资将古驰的控制权转移给了弗朗索瓦·皮诺。LVMH 还再次要求对古驰的管理进行调查。德索莱再次表示反对，他向法官们解释说，这样的调查会迫使古驰披露机密信息，损害其声誉。

然而，这次前所未有的是关于塔特尔文件的争论。LVMH 解释说这份文件是"合法"获得的，并要求将其纳入案卷。古驰则声称该文件是偷来的，要求将其排除在诉讼程序之外。法官皱起眉头，拒绝做出裁决。

亚历山大·麦昆失踪了

　　幸好，并不是所有的奢侈品战争都像汤姆·福特的股票期权争夺战那样乏味！有时会发生一些更令人兴奋的"事件"，比如 2000年 12 月 4 日发生的事件。

　　那天是星期一，新的一周又在皮诺和阿尔诺的传奇故事中展开了。时尚界的"坏小子"终于决定与他的雇主伯纳德·阿尔诺分道扬镳——他在伦敦和纽约的所有时尚夜店中散布了这一威胁。至少，他自己是这样说的。

　　31 岁的亚历山大·麦昆是同名时装公司的老板和设计师，以其疯狂的设计闻名——他是唯一一个敢让模特仅穿内裤和头巾走秀的设计师！他与 LVMH 解除了合同，这家公司在 1996 年任命他为纪梵希的负责人。随后，麦昆转而投向古驰的怀抱。

　　和之前的每一次对决一样，这一次的情况很糟糕，攻击非常低级，却完全击中了要害。尾声始于两天前的星期五早上，麦昆打来一个奇怪的电话，没有给出任何合理的解释，就取消了原定于当晚在伦敦与纪梵希董事长玛丽安娜·特斯勒（Marianne Tessler）和 LVMH 时尚部负责人伊夫·卡塞勒的晚宴。据多方消息称，当晚他没有参加与 LVMH 第三号人物和纪梵希董事长的商务会议，而是留在家里看电视，之后和他的情人福赛斯（Forsyth）度过了"一个美妙的性爱之夜"。第二天，略显疲惫的他现身古驰在格拉夫顿街 4 号的总部，在公司美国律师严厉的目光下，他花了几个小时草签了厚厚的合同，这段经历对他来说简直就是一场噩梦。

这周 LVMH 集团与古驰在荷兰法庭上异常激烈的官司就此达到高潮。11 月 27 日，阿尔诺再次要求取消古驰与 PPR 的联盟。11 月 29 日，阿尔诺向美国证券交易委员会提出申诉，几小时后，古驰以诽谤罪起诉了 LVMH，次日，LVMH 发起反诉。

于是，当周末刚结束，多梅尼科·德索莱宣布古驰持有麦昆时装公司 51% 的股份时，局势已经非常紧张。购买价格没有被披露，但传言是 8000 万美元。这位律师希望将这笔投资说成一次战略突破，并向所有人宣称，他打算将新收购的品牌打造成一个全球性品牌，在世界各大城市开设专卖店，效仿古驰对圣罗兰采取的模式。古驰的艺术总监汤姆·福特也表现出极大的热情，决定不干涉麦昆的创作，并对这位新成员表示真诚的赞赏：

"亚历山大是一名真正伟大的天才，我非常尊敬他！"

这位设计师通常穿着大码牛仔裤，裤腰低到露出股沟，身着无袖黑色 T 恤，露出文身，钟爱的工作场所是伦敦一座废弃的巴士站。他的确有些为所欲为，包括最为粗俗的行为。他曾将自己的一场时装秀命名为"高原强暴"，在另一场秀中，他把代表巴尔干战争暴行的军装破布与由白色乙烯基面料制成的超短裙混搭在一起。他在最佳状态下创作的作品极为张扬。一次非洲长途旅行归来之后，他以勃艮第红、金色、棕色和棕褐色为主色调，呈现了一场宏伟的摩尔风格大篷车秀，将一件绣有宝石的黑色塔夫绸大衣、一件刺绣皮革的弗拉门戈裙和一条由鹰爪挂在肩上的钻石项链搭配在一起，令人惊叹不已！他也不排斥大杂烩式的哥特风格，有时甚至让模特脚踝上挂着一具真人大小的镀金骷髅走秀。

在日常生活中，作为一个天赋过人但受教育程度不高的孩子，他傲慢自大的程度无以复加。他曾在卧室里挂满巨幅肛门照片，以此折磨一位又一位时尚编辑；因为讨厌英国女王而放她鸽子；在为查尔斯王子设计的夹克的下摆缝上"我是个蠢蛋"；侮辱麦当娜、穆娜·阿尤布（Mouna Ayoub）等一众名人。在他眼中唯一值得尊敬的名人是格温妮丝·帕特罗（Gwyneth Paltrow），她几乎从不缺席麦昆的任何一场秀。

在 LVMH 集团时装部，虽然设计师的粗鲁让伊夫·卡塞勒内心狂怒，但在数小时后，他还是努力控制住了情绪。他试图以哲学家的心态面对这一切，尤其是在媒体面前保持良好的形象。在心底深处，他已经受够了这个年轻的英国人。自从在纪梵希工作以来，麦昆一直专注于高级定制时装，却忽视了成衣，以至于连续三年，他的销售额都是巴黎最差的。毋庸置疑，现在是时候放手了，但被人这样两面三刀实在令人恼火！随后，公关部登场，摆出扑克玩家的冷漠面孔。官方表现得非常淡定，发言人在祝福这位闹腾的设计师时勉强打了个哈欠：

"这很正常……我们祝愿亚历山大一切顺利！"

是的，这很正常。多年来，亚历山大·麦昆一直要求伯纳德·阿尔诺投资他的同名品牌，但每次都被拒绝。当然，他本人的说辞正好相反：据他说，他必须多次捍卫自己的品牌，抵挡阿尔诺的骚扰。多年来，这位设计师总是大声愤斥霍什大道的会计师们，因为他们为他提供了玛黑区的公寓租金、一辆带司机的汽车，以及大约 250 万美元的年薪——在他们看来，将其中一部分"抽走"并用于麦昆的同名品牌是绰绰有余的。为什么 LVMH 集团慷慨资助约翰·加利亚诺、迈克尔·科尔斯和马克·雅各布各自的品牌，却对麦昆一再拒绝呢？或许麦昆的错误在于他是最后一个想进入已人满为患的明星团队的人。尽管待遇丰厚，但他感觉自己被当作二等员工对待。而且，他厌倦了总是追随加利亚诺的脚步。他在加利亚诺之后进入了中央圣马丁艺术与设计学院，继任了加利亚诺在纪梵希的职位，他需要新的空间……

实际上，LVMH 并不像它声称的那样无所谓，它只是有耐心而已。2001 年 1 月底，以"生产问题"为由，纪梵希高层取消了麦昆原计划在贝尔西综合体育馆举办的昂贵时装秀。而时尚圈则期待着在 2001 年 10 月之前的几个月里，麦昆既能担任好纪梵希的高级时装设计师，又能在古驰集团的明星设计师中"冉冉升起"。大家都等着看热闹呢。

网络的力量

所有现代战争都有电子战的成分，反假冒战争也不例外。这场战争在互联网上越演越烈。对各大奢侈品牌来说，网络已成为一场噩梦。这倒不是由于仿制品在网络上销售，因为仿制品早已成为一种众所周知的滋扰；最重要的原因是，世界各国政府，尤其是美国政府，大力鼓励电子商务的发展，却没有过多关注仿制品的滥用现象。华盛顿甚至对网络上的商业交易实行零税率，网络商业与实体商业相比因而具有相当大的竞争优势。网络就像幽深的丛林，工业家们在其中与形形色色的复制者们展开不平等的斗争，而后者可以从一个网站转战另一个网站，以此逃避他们所面临的管制。

网络是一种无比强大的商业工具，任何零售商都可以通过网络，以低廉的成本，与地球上每一个拥有计算机的消费者连接。在造假者的手中，互联网是针对奢侈品牌的"核武器"。从产品的制造到分销，再到品牌形象的管理，奢侈品牌通过垂直整合来掌控一切。之后，奢侈品牌还投入了数亿美元用于广告宣传，以吸引顾客光临其专卖店。然而，电子商务的出现彻底颠覆了这一切，把这些巨额投资抛到了九霄云外。在一些粗制滥造的网站上，假冒者堂而皇之地销售着真品和仿品，借助品牌的声誉来牟取利益，同时也在削弱这些品牌的形象。

这种现状有目共睹。只要在搜索引擎中输入"卡地亚"一词，就会出现400多个提供卡地亚产品的网站。网站数量之多，形象之模糊，很可能会让消费者感到厌烦。这与卡地亚的战略完全相悖，卡地亚和所有奢侈品牌一样，追求的是精选的传播渠道、独特的品牌形象和适度的稀缺性，以吸引高端买家。

这就是所谓的第三代造假，至少从犯罪分子的角度来看，它的前景一片光明。根据网络安全公司Cyveillance的数据，售卖古驰、劳力士或万宝龙产品的网站中，实际上有4%～8%在销售假货。如果奢侈品行业的全球销售额为500亿～1000亿美元，而这一总额的5%是通过网络产生的，那么每让给仿冒者一个"百分点"，就相当于损失了数亿美元的收入。打击侵权者需要大量的资源和耐心。侵权网站可以在几小时内更改名称，将公司注册地从一个州转移到另一个州，甚至暂时停止销售假货。一个网站可以分解成多个网站，有时十几个网站的幕后推手可能都是同一个人。

以fashionreplicas网站为例，该网站以50美元的价格出售假冒的古驰包，仅为正品价格的二十分之一。其负责人，一个拥有多个化名的男子——马克·迪·帕多瓦（Mark Di Padova）、马克·沃伊尔斯（Mark Voiers）或杰克·诺里斯（Jack Norris），自诩为现代罗宾汉，一本正经地表示，他的唯一目的是让普通人也能拥有奢侈品。这个网站还链接到另一个名为 fakegifts 的网站，该网站销售假冒的卡地亚、欧米茄（Omega）和劳力士等名牌腕表。在法国，还有一个名为 replica.fr 的网站与之合作。劳力士的法律顾问吉布尼、安东尼和弗莱厄蒂（Gibney, Anthony & Flaherty）律师事务所表示，互联网假货现象在三年前从无到有，如今已经消耗了劳力士五分之一的反盗版预算。瑞士制造商劳力士追踪销售假冒腕表的网站，识别它们，并要求这些网站的服务器停止传播这些内容。劳力士的律师们坚信，这些盗版网站的收入最终会落入黑社会、贩毒集团甚至恐怖分子的腰包。

有些盗版者并不避讳，甚至坦承他们的罪行。马克·沃伊尔斯，这位 fashionreplicas 和 fakegifts 的创始人，甚至厚颜无耻地声称，他的行为实际上帮助了劳力士，因为他让品牌的"粉丝"在购买真表之前能先用假表过过瘾。沃伊尔斯，也就是迪·帕多瓦，甚至声称："我没有犯任何欺诈罪，我没有欺骗公众。这些腕表是我直接在劳力士律师楼下买的！"

劳力士的律师们并不欣赏他的幽默，将他告上了法庭。卡地亚的律师们也提出了刑事和民事双重诉讼。2000 年 11 月 6 日，加利福尼亚州法官授权卡地亚采取必要措施，确保该网站停止运营。但说起来容易做起来难！卡地亚雇佣网络黑客当顾问，任务是破解沃伊尔斯使用的代码并使其网站瘫痪。不仅如此，卡地亚还联系了联邦调查局（FBI），但司法部的命令使得 FBI 在这方面受到限制，因其更强调商业自由的原则。当时，比尔·克林顿任美国总统，他的副总统阿尔·戈尔（Al Gore）是最坚定的互联网捍卫者之一。因此，卡地亚和劳力士无法指望从华盛顿的司法部获得帮助。

最终，一位来自南卡罗来纳州的地区检察官独自终结了这场战斗。在海关的帮助下，他成功追踪到了该网站的经济脉络：成本、收入、供应商、利润、税收。他计算后发现了一个令人震惊的结果。沃伊尔斯仅凭一己之力，每月能卖掉价值 100 万美元的假货！数额如此巨大，检察官决定追究到底。

2001 年 1 月底，沃伊尔斯因假冒和贩卖假冒商品被捕并被起诉。他面临长达 10 年的监禁和 200 万美元的罚款。

乔治的大秘密

想要了解乔治·阿玛尼（Giorgio Armani）的秘密，只需在他65岁生日几天后，陪同他参加一场纽约晚宴。这种晚宴常被全球媒体当成重大历史事件大肆报道。

例如，2000年10月，古根海姆博物馆举办了一场晚宴，感谢这位意大利设计师的慷慨捐赠——1500万美元。这次晚宴是为了致敬他在极简和超高雅风格上的杰出成就，同时也展示了他的作品。这一致敬虽带有金钱的因素，但也是对他作为一位全球时尚帝国缔造者的认可。阿玛尼的公司成立不到30年，年收入已达10亿欧元，而他本人40年前只是一名在意大利里纳森特（Rinascente）百货卖领带的店员。相比之下，迪奥时装同年的营业额仅为3亿欧元左右。

阿玛尼帝国看起来比实际规模还要大，因为通过特许经营，阿玛尼产品的销售总额可以达到综合营业额的4倍，即40亿美元

左右。阿玛尼的成功引发了无数关于品牌收购的传闻，买家包括
LVMH、古驰和普拉达等大牌。他时常要手抚心口，发誓自己将
始终保持独立。

那么，他的秘诀是什么呢？让我们跟随他参观一下建筑师弗
兰克·劳埃德·赖特（Frank Lloyd Wright）设计的宽阔圆形大厅
吧。对他这个年纪的人来说，阿玛尼的体格堪称完美：平坦的腹
部、宽阔的肩膀、整齐向后梳的白发、一成不变的古铜色皮肤。
他看起来充满活力。所到之处都被电影明星所环绕。罗伯特·德尼
罗（Robert De Niro）看到他，会像老战友一样亲热地打招呼；理
查德·基尔（Richard Gere）会给他一个温暖的拥抱；米歇尔·菲
佛（Michelle Pfeiffer）在他耳边低语，把他逗得哈哈大笑，仿佛这
是十年一遇的好笑话。就在这一刻，他似乎忘了自己即将70岁，
忘了他的事业和作品已成过去，忘了自己后继无人，而竞争对手
虎视眈眈，忘了时间紧迫，忘了两位高管刚刚辞职，这对银行来
说不是一个好信号。

阿玛尼笑容满面，他就是幸福的化身。他是社交达人，每
个人都觉得他很棒。他已经成为好莱坞大家庭的一员。这就是阿
玛尼的商业模式：好莱坞。这位意大利设计师明白一个简单的道
理：与其花大力气投资宣传，不如让全球最著名的演员们成为
免费模特。许多意大利设计师尝试过这种方法，有的成功，有
的失败，如切瑞蒂、华伦天奴和范思哲。但阿玛尼将其上升为一
门艺术。在争相为明星们设计服装的竞争中，各大时尚品牌无所

不用其极。明星们的喜好决定了品牌的命运。比如，在《阿甘正传》（*Forrest Gump*）上映后，汤姆·汉克斯拒绝穿暇步士（Hush Puppies）为他特别定制的鞋，而选择了卡尔文·克莱恩赞助的西装。而那些怀疑这些潜在冲突和商业影响力的人，不妨回想在 1995 年奥斯卡颁奖典礼上，某大明星本该穿着一件价值超过 10000 美元的华伦天奴礼服，然而，她最后选择了简单的黑色连衣裙和一件 22 美元的盖璞上衣。同款衬衫立即售出数千件。

　　阿玛尼早在 20 世纪 70 年代末就玩转了这一切，成为好莱坞的"裁缝之王"。他并没有直接进攻这个难以攻克的领域，而是通过洛杉矶绕道而行，聘请了备受瞩目的洛杉矶湖人队篮球教练帕特·莱利（Pat Riley）作为他的"非官方代言人"。1980 年，他成功为理查德·基尔在《美国舞男》（*American Gigolo*）中的造型设计服装。接下来，他需要让自己的名字出现在电影屏幕上。谈判异常激烈，因为在此之前，设计师们提供服装，名字通常只会在观众已经离席的片尾字幕中出现。到了 20 世纪 80 年代中期，阿玛尼凭借其在电影圈的人脉，最终完善了前导师切瑞蒂开发的系统。阿玛尼的名字出现在了诸如《48 小时》（*48 Heures*）和《铁面无私》（*Les Incorruptibles*）的电影片头，而他只需提供一些折扣服装，无需免费赞助。随后，阿玛尼便迎来了他的爆发期。他"捕获"了一位明星——格伦·克洛斯（Glenn Close），短短几个月内就实现了一次梦幻般的广告宣传。

　　1975 年，阿玛尼创立了他的时装品牌，提出了一套全新的优雅概念：解构西装。这种西装的外套没有肩垫，衣摆像运动服一样随意垂下。他为西装打开了一个巨大的市场，而不局限于商务人士或中产阶级。柔软舒适的面料立刻征服了女性。成功必然伴随着不可避免的模仿，阿玛尼为此苦恼了十年。然而，最终他想出了一个绝妙的主意：自我模仿。他聘请了加利福尼亚州设计师帕特里克·罗宾逊（Patrick Robinson），任务就是："模仿我！"于是，副线"Armani Collezioni"诞生了。

那么，阿玛尼的未来将会如何呢？这个世界上最美丽、最赚钱的成衣品牌之一，随着创始人的老去，势必会引起越来越多人的兴趣。如今，独立且具有潜力的大品牌已所剩无几，争夺战一旦发生，将会非常激烈。业内人士认为，阿玛尼迟早会被迫出售自己的品牌，因为他并没有转向创建一个多品牌集团。但阿玛尼却选择用自己的钱确保对公司的控制权，收购自己的工厂和店铺，而不是进行收购扩张。

像所有的继承问题一样，这只是时间问题。考虑到阿玛尼的营业额，可以合理地想象，如果将其出售，价格可能轻松达到 50 亿美元。这也将潜在买家限定在两个集团之中：已经控制了古驰的 PPR 集团，或 LVMH。不过，这两个集团都表示，它们需要了解这家意大利公司的利润情况。而这是阿玛尼——一家未上市公司——刻意不透露的信息。

看上去，阿玛尼似乎不想以现金形式出售，从而避免缴纳巨额的资本利得税。古驰在考虑这笔收购时，采取了不同的策略：

像许多奢侈品集团一样，古驰"受困"于过多的现金流，它们更愿意用现金支付。情况就是这样。

然而，最佳的协同效应可能还是与 LVMH 合作。伯纳德·阿尔诺的集团在欧洲的销售额占其总收入的 40%，以皮具为主。而阿玛尼在美国的销售额也占其总收入的 40%，以成衣为主。这些互补性显而易见，所存疑虑在于，阿玛尼过于依赖乔治本人。

詹尼·范思哲之后的
范思哲

"你打扮修女，我打扮妓女！"

"说真的，乔治·阿玛尼难道不该把詹尼·范思哲（Gianni Versace）的这句话死死保密，而不是在后者被谋杀三年后告诉《名利场》（*Vanity Fair*）吗？"

据乔治·阿玛尼的说法，当时这两位意大利时尚界最具标志性的设计师在西班牙广场闲逛，这段对话发生在罗马的康多提街尾，那条街上汇集了全城最美的店铺。读到这篇被大多数意大利报纸转载的文章时，唐娜泰拉·范思哲对阿玛尼的"小气"恼怒不已，阿玛尼一直是她哥哥的头号竞争对手。幸运的是，在《女装日报》的 2000 年美国最畅销品牌排行榜上，范思哲位列第四，刚好在阿玛尼和古驰之前。这个排名又让她略感欣慰。唐娜泰拉心里清楚，任何稍显出格的宣传都是好事，这能激起顾客心中那种曾被已故哥哥激起的暧昧欲望，并在时隔三年之后再度将其转化为数十亿美元的收入!

1997 年 7 月 15 日清晨，当意大利时尚圈开始新的一天时，没人预料到即将发生的事情。上一次米兰时尚圈遭遇暴力事件还是在 1995 年，当时毛里齐奥·古驰在他的办公室前被他前妻雇佣的杀手射杀。7 月 15 日清晨，在迈阿密，世界上最伟大的时装设计师之一詹尼·范思哲心情愉快地回归日常生活。三天前他刚结束一次疲惫不堪的欧洲之旅，来到了佛罗里达。范思哲正处于事业的巅峰，他的品牌年营业额达 10 亿美元，麦当娜和戴安娜王妃都穿他设计的服装，他的身边环绕着好莱坞最美丽的女演员。但范思哲担心自己的健康状况，他需要休息。为了避开 9 点后迈阿密海滩袭来的酷热，他早起出门，在大西洋海岸边一家时髦的酒吧"新闻咖啡馆"看报纸。

半小时后——不到早上 8 点——他回到卡苏阿里纳别墅，这是位于第 11 街上的一座略带托斯卡纳风格的豪华别墅，是范思哲花费 3000 多万法郎买下的。尽管保镖建议他不要独自步行，但他喜欢一个人，这段路程是他漫长一天中难得的放松时刻。范思哲 50 岁了，在忙碌不堪的生活中，他需要一些独处的时间。

当他接近那标志着别墅入口的宏伟大门时，没有注意到身后几米外穿着草底帆布鞋的身影。当他把手放在已经被阳光晒热的金属手把上时，两声枪响划破了宁静。他应声倒地，这个来自卡拉布里亚小镇、出身贫寒的亿万富翁，头部中弹当场死亡。凶手逃走了。警方仅用了几个小时就找到了凶手的尸体，凶手已经自杀身亡。就像李·哈维·奥斯瓦尔德（Lee Harvey Oswald）因刺杀约翰·肯尼迪（John Kennedy）而一夜成名，全世界很快就知道了安德鲁·库纳南（Andrew Cunanan）的名字：一个同性恋小混混，曾参与拍摄性虐色情片，是多起谋杀案的凶手，会说7种语言。他曾在城里的某个夜店遇到过范思哲，这可能是某个失意男妓的复仇故事。

詹尼·范思哲去世后，全球的粉丝都在哀悼。戴安娜王妃和艾尔顿·约翰（Elton John）都出席了葬礼。生活还得继续。

哀悼的不仅是那些钟爱价值15000美元的范思哲长礼服的女性们。在米兰，世界上最大的银行家们同样感到沮丧。数月来，摩根士丹利、美林证券（Merrill Lynch）和高盛的本地分部一直在为一场重要的会议做准备。7月18日，詹尼·范思哲本应决定由哪家大银行来主导他的品牌上市。为此，詹尼甚至同意削减高达7000万美元的推广预算，据传他的大哥桑托（Santo）还偷偷收回了他的信用卡，以阻止其债务的恶性循环。然而，由于他的遽然离世，上市计划也随之告吹！但品牌急需资金注入，范思哲品牌面临危险。

正如许多意大利奢侈品牌一样，詹尼·范思哲的成功也是一个家庭故事。少年时，他在他们家位于卡拉布里亚雷焦的小房子里为母亲设计服装，1972年，詹尼·范思哲来到米兰。4年后，作为家族会计的桑托帮助弟弟创建了自己的公司，1978年，范思哲正式出道。小妹唐娜泰拉放弃了意大利文学的学业，成为哥哥的免费模特和缪斯。范思哲的风格如野火般蔓延。很快，全家搬到了米兰时尚区的耶稣街，在一座 18 世纪的华丽宫殿里定居。像菲拉格慕家族、杰尼亚（Zegna）家族和德拉·瓦莱家族一样，范思哲家族也取得了巨大的成功。每年，范思哲家族都会推出新产品线，一切都很顺利。1994 年，詹尼在去世前一年推出了范思哲的瓷器和窗帘，取得了巨大成功。

然而，他去世了，接下来怎么办？

从逻辑上讲，为了保护这个 16 亿美元的帝国，唐娜泰拉应该寻找一位超级明星设计师，但她不愿意这么做。毕竟，她也能设计，尽管她的创造力远不及从每天清晨 6 点就创意喷涌画个不停的哥哥。唐娜泰拉是一位优秀的设计师，但人们怀念的是詹尼太阳般炽烈的才能，而对她的作品反应冷淡。最初的几年非常艰难。在她成名之前，公司的营业额下降了 40%。但随后开始回升，到 1999 年达到了 4.4 亿美元。

祸不单行，两大敌人正潜伏在暗处，伺机算计掌管财务的桑托和他的金发妹妹唐娜泰拉。第一个敌人是 1998 年的亚洲金融危机，严重削减了品牌在远东市场的营业额。第二个敌人是意大利税务机关，它要求缴纳巨额遗产税。在詹尼去世前 3 周，价值 1 亿美元的资产——包括佛罗里达别墅和纽约曼哈顿的一座挂满毕加索和莱热（Léger）作品的房子——已经从公司名下分离出来。然而，詹尼在临终时给品牌留下了一个难题：在他的遗嘱中，他把令人惊叹的艺术品收藏留给了侄子丹尼尔（唐娜泰拉的儿子）。更重要的是，他把自己的全部财务财富，即 51% 的公司股份，留给了当时仅 14 岁的侄女阿莱格拉（Allegra，丹尼尔的姐姐）。这本应使拥有 20% 公司股份的唐娜泰拉成为强势的大股东，但事实并非如此，因为意大利的法律有最终决定权。如果唐娜泰拉想要出售股份，监护法官可能会介入，并以这不符合阿莱格拉长期财务利益为由，阻止交易。而且，如果公司上市并增值，所需支付的遗产税将会非常庞大。税款几乎在 2 年内吞噬了公司的全部利润。公司似乎陷入僵局。如果范思哲品牌想要继续成长，很可能不得不与一个战略伙伴结盟。

索菲的肉体

　　索菲·达尔（Sophie Dahl）仰面躺着，双眼紧闭，身上除了金色凉鞋、一只手镯和一条钻石项链外，不着寸缕。她肤白胜雪，涂着绿色眼影，红唇呈血色。她的身体曲线优美，比大多数模特更加丰满。她躺在一块黑色的织物上，那是一种极柔软的丝绸或天鹅绒。事实上，是缎质的，皱巴巴的，像经历一夜纵欲后的床单。她用手抚摸着左胸，把臀部和微张的双腿朝向折磨她的情人。这个情人是谁呢？伊夫·圣罗兰！

　　对那些发誓"情色时尚"已过时的人，汤姆·福特想给他们上一课。从 2000 年 11 月开始，由史蒂文·梅塞尔（Steven Meisel）拍摄的这张照片就传遍法国和世界各地。"鸦片"香水在首次发布 23 年后，再次掀起奢侈品圈的轩然大波。1977 年，这款香水因其名字引发轰动；这次则更进一步，不仅性暗示明确直白，而且海报上甚至没有香水瓶，只有一个被欲望驱使的女人。古驰的设计师汤姆·福特，也是圣罗兰的新晋掌舵人，毫不迟疑地解释道：

"我们的目标是引发情感上的共鸣，而不仅仅是展示一件产品。我们希望通过这张照片唤起观众的情欲，创造一种深刻的、难以忘怀的体验。这不只是一张广告，它是一种艺术表现，一份关于欲望和美的声明。"

"我想要一个代表性欲、爱和食物的女人，一个彻底而极致的女人。"

这次广告宣传大获成功。照片极具暗示性，许多杂志不仅免费刊登，还发表评论，带来了大规模的免费宣传。最好的广告来自英国广告标准局，该局因照片"性暗示过于明显"而在英国禁播此广告。英国广告标准局的局长克里斯托弗·格雷厄姆（Christopher Graham）表示，这张海报"显然对观众造成了强烈且广泛的冲击"。这是自宣传安全性行为的广告（海报上教皇戴着摩托车头盔）引发的争议以来，英国最大的广告丑闻。圣罗兰的这张海报迅速火遍全球，"鸦片"香水也随之声名远播。性能够促销，而奢侈的性更有助于卖出奢侈品。当一个品牌能够通过广告触及顾客最底层或最隐秘的本能时，它有望创造一种全新的、更亲密的、更难以抗拒的吸引力。

最具性暗示的品牌也是最现代、最时尚的品牌，这是一种普遍观点。这样的品牌比其他品牌更能吸引顾客进店。吸引顾客进店对所有寻求快速增长的行业都很重要。在奢侈品行业，这项任务更加艰巨，因为几乎没有顾客出于实际需求购买奢侈品。进入

21 世纪，奢侈品广告的作用至关重要。一次失败的广告宣传可能意味着数千万美元的损失。要让客户购买品牌的产品，必须激发他们内心深处的感性动力，甚至可能是更为隐秘的欲望。关键是向客户展示一个完全自由、没有禁忌的世界。性并不是唯一的手段，但它无疑是屡试不爽的媒介。性一直伴随着各种寓言，但广告商也将其视为经济扩张的良好征兆。性暗示在 20 世纪 80 年代初见证了"黄金男孩"的崛起，在 20 世纪 90 年代末则见证了新经济中新生代企业家的成功。

不幸的是，性和所有营销手段一样，滥用会导致厌倦。性感广告容易过气，文案和摄影师必须不断挑战边界。起初，一切始于香奈儿。让 - 保罗·古德（Jean-Paul Goude）为香水"自私"拍摄的广告中，采用了"后宫"的概念：一个男人被一群情妇轮番辱骂，她们被关在酒店的房间里，愤怒地拍打着窗户。这部充满魅力的短片问世时间虽不算长，但已显得陈旧。如今，要想促销，性必须突破极限，探索边缘地带。为了刺激40~50岁女性的购买欲望——无论品牌怎么说，她们始终是"核心消费群体"——传统的爱恋已经不够，必须带来更强烈的肾上腺素刺激。

路易威登是第一个探索性虐主题的品牌。照片上，一个没有面孔的女人按着一个人的头，逼迫对方亲吻路易威登高跟鞋，效果显著。乔治·雷什（Georges Rech）紧随其后，推出了"手持鞭子的裸女"，而约翰·加利亚诺通过他的牛仔裤广告将这一现象推向全球。在这则广告中，为了促销手袋和眼镜，高跟鞋刺入了柔嫩的皮肤。此后，迪奥配饰的销量激增。

在性别操控的层级中，温加罗（Ungaro）更进一步，利用了兽交题材。一则广告中，一只德国牧羊犬舔着一位穿着温加罗裙子的女性的脚踝，并且她陶醉其中。另一则广告中，另一只德国牧羊犬后腿站立，用前爪环抱着穿温加罗套装的女人的脖子和胸部。这则广告在包括新加坡在内的多个亚洲国家被拒播，最终证明了在时尚收入中占有重要地位的远东市场，兽交题材不受欢迎。

一些出版物开始认为这一趋势已经太过离谱。2000 年秋季，达拉斯的《D 杂志》（D Magazine）拒绝投放两则广告。一则广告描绘了一个强暴场景：模特卡罗琳·里贝罗（Caroline Ribeiro）仅穿一件金色上衣，躺在沙漠中；她上面是一名赤裸上身的男子，他穿着一条紧身的古驰裤子，勃起的性器官清晰可见。古驰不得不用替代页面把广告换下来。另一则佩里·埃利斯的广告展示了一位红发女性，神态迷离地躺在瓷砖地上，双腿裸露，一名男子俯身在她上方，手扯住她外套的腰带。这种强暴的性暗示显而易见。

性别广告的多样化手法无穷无尽。"大男子主义"变得过时后，"反大男子主义"就突然流行起来。男人在广告中被嘲弄，所有具有性别攻击性的特质都被贬低。他们被描绘成软弱、被女性支配、被嘲弄的形象，面临着被毁灭或被性对象化的选择。他们必须具有英俊、运动、无毛的特质，但又要尽可能被动：一种感性且自恋的奴隶。同性恋文化的偶像无处不在，模糊了人们对男性和女性关系的理解。这种新神话的目标，可能是有意的，也可能是无意的，旨在制造出既吸引男性又吸引女性的男性，如莱昂纳多·迪卡普里奥、约翰尼·德普（Johnny Depp）或齐达内（Zidane）。模糊性别界限已经成为一种策略：雌雄同体。对于汤姆·福特来说，互相抚摸的两名女性并不一定是女同性恋：

"如今，人就是人，就这么简单。我不想在男女之间划出太明确的界线。"

同性恋如今已成为一种常用的广告媒介。女同形象被毫不掩饰地广泛使用，而男同形象则更为隐晦，仍停留在暗示阶段。然而，这些表达的"符号"早已确立。汤姆·福特再次成为先驱，他的香水"狂爱"便是一个例子。只有同性恋群体才能理解："狂爱"是含"硝酸酯"的最著名的品牌之一，这种氮基气体据说能催情，自 20 世纪 60 年代末起成为同性恋群体的标志性用品。

总之，现代广告在不断挑战传统性别观念，通过模糊性别界限、利用同性恋文化和推崇雌雄同体的形象来吸引消费者的注意。无论是从视觉冲击还是文化暗示上，性别广告都在不断创新，试图在瞬息万变的市场中占据一席之地。

富人的鸦片

在奢侈品行业，背后隐藏着一台异常高效的机器，精心设计的性别化广告只是冰山一角。这些广告能够耗费数千万美元，却能带来数十亿美元的销售额。广告支出在奢侈品牌的投资中占据极大比例。以 LVMH 集团为例，它们每年大约会花费 9 亿美元的广告费，其中超过 1 亿美元专用于推广威登品牌，占总营业额的 4%。雅诗兰黛则投入 11 亿美元的广告费，占其销售额的 27%。一个集团拥有的品牌越多，它在广告上花的钱就越多，但同时也能从杂志中争取到更多折扣。LVMH 集团每年在广告上节省的费用约为 2 亿美元，按当时汇率换算，超过 12 亿法郎。

从这些数字中可以看出，小品牌即使再有价值，没有外部支持也难以完成广告宣传。若没有广告，或者更糟糕的是，若广告质量差，小品牌很快就会被边缘化甚至淘汰。

毕竟，奢侈品往往只是品牌在消费者脑海中投射的形象。在过去，销售单个奢侈品产品时，单凭好声誉可能就够了。而现在，销售的是奢侈品牌，没有比媒体广告更有效的工具了。矛盾的是，一个品牌在奢侈品领域的合法性越弱，它就越需要广告。路易威登和卡地亚的奢侈品属性在 20 世纪 70 年代曾被严重稀释，但它们通过广告重返高端市场，因为它们早早明白了一个道理：艺术的精髓在于让自己尽可能变得难以接近，而不是相反！卡地亚的另一个绝妙创意是创建了卡地亚基金会，从初步分析来看，这至少是一种反广告的形式。这一创新使珠宝商能够以反广告的形式进行狂热的传播。干得漂亮！

在快消品行业，目标群体很广泛，广告商倾向于迎合最广泛的共同点。相比之下，奢侈品世界充满了陷阱和矛盾，因为必须要确保品牌的选择性，同时还要让更多人知道。如果没人认识约翰·洛布的鞋子或泰格豪雅的腕表，或者不知道它们的价格，那么穿戴它们又有什么意义？富人希望别人知道他们有钱。奢侈品，就是富人的鸦片！

广告商必须充满智慧，创造出令人意想不到的感受，迎合那些复杂、挑剔、自信的客户。最重要的是，必须在不冒犯的前提下带来惊喜。许多重大成功都源于敢于逆流而行的勇气。在香水名字还叫"珍妮特的心"或"绅士的手帕"的时代，香奈儿通过推出 N° 5，带来了一次电击式的冲击。这是一个简单但无法复制的名字。逆势而为有时会得到回报。1935 年，正值大萧条，帕图大胆推出了"喜悦"香水，并以"世界上最贵的香水"为口号。

走向拍卖

终极的奢侈品，其实就是一种单品价格无限高的产品，我们称之为艺术。在这个领域里，一幅大师画作、一件名家家具，伯纳德·阿尔诺和弗朗索瓦·皮诺始终争抢得不可开交。

全球艺术市场的规模为 40 亿美元，但这不仅仅是钱的问题。艺术具有一种超越财富的迷人魅力。对于艺术，一些人有着近乎宗教般的崇敬或狂恋。历史上最美的艺术品经常通过大型拍卖行流通，而富豪或多或少都是收藏家，即使是在得克萨斯州的偏远地区。这是现代亿万富豪的标配。为了留存历史的吉光片羽，他们愿意花费巨资。弗朗索瓦·皮诺和伯纳德·阿尔诺就是这样的人。

皮诺是拥有欧洲最美的艺术收藏的藏家之一：蒙德里安（Mondrian）、罗斯科（Rothko）、波洛克（Pollock）、劳森伯格（Rauschenberg）、毕加索、亨利·摩尔（Henry Moore）……他甚至考虑在巴黎的塞纳岛上开设一座博物馆。相比之下，阿尔诺的收藏略逊一筹，但他也有自己钟爱的艺术家，如莱热、莫奈、杜布菲（Dubuffet）、巴斯奎特（Basquiat）等。

对他们来说，能优先接触到这些珍品是一种无法抗拒的诱惑。而在这个领域，英国的佳士得（Christie's）和美国的苏富比（Sotheby's）控制着95%的市场。皮诺在这场竞争中先发制人，于1998年收购了佳士得。从那时起，LVMH的老板阿尔诺就发誓要做得至少一样好。2000年初，他收购了法国最大的拍卖行泰康（Tajan），几个月后又以1.2亿美元收购了世界第三大拍卖行菲利普斯（Phillips），这个价格仅为皮诺收购佳士得时所花费的十分之一。阿尔诺将菲利普斯设在他的奢侈帝国的中心——蒙田大道24号，并将装修任务交给了建筑师克里斯蒂安·德·波赞帕克（Christian de Portzamparc），他曾设计了曼哈顿57街的LVMH大厦。

尽管阿尔诺在奢侈品领域遥遥领先于皮诺，但在艺术市场上，在拿下苏富比之前，他仍然只是个小玩家。经常有传言称，他将以8亿美元收购苏富比的一部分股份。如果成功，他将成为该领域的头号人物。

最近，拍卖行业更像是一个拳击场！佳士得和苏富比这两大拍卖行，行为可谓肆无忌惮。6年来，以经常拍出超千万法郎的画作而闻名的这两家拍卖行，犯下了一个罪行：通过相互串通，剥夺了客户唯一的议价空间，即协商的可能性……简而言之，他们违反了反垄断法。在美国，这是一个非常严重的罪行。美国司法部指控他们在客户和供应商不知情的情况下，私下达成非法协议，确定艺术品买卖双方需支付的佣金金额。

具体来说，1995 年 3 月，佳士得修改了实施了几十年的规定，将卖方需支付的佣金从固定的 10% 改为"浮动"比例，范围为 2% ~ 20%，具体取决于物品的价值。几个月后，苏富比也如法炮制。两家公司还在卖方贷款的利率上达成了一致。拍卖行通常会向卖方提供贷款，以便他们支付转让税。两家拍卖行默契过了头，形成了一种恐怖的平衡，每家都将其优质客户名单交给对方。最终，两家公司秘密达成协议，不再向家族基金会、博物馆和图书馆进行慈善捐赠，这是传统的客户招募方式。毫无疑问，任何员工如果向竞争对手投递简历，都会被立即揭发。客户敲诈被完美地组织起来！

从 1997 年开始，通过一场漫长而细致的调查，联邦检察官揭露了艺术市场两大巨头之间的勾结：苏富比的 75 岁董事长阿尔弗雷德·陶布曼（Alfred Taubman）和佳士得的同僚安东尼·坦南特爵士（Sir Anthony Tennant）。据调查人员称，陶布曼和坦南特在 20 世纪 90 年代中期多次会面，策划阴谋，然后要求各自的总裁执行。他们的下属遵从了指令，甚至为某些优质客户制订了一份免佣金名单。

第一次旨在确定卖方佣金的操作会议在位于中央公园东边的一间华丽公寓里举行，此处略偏离列克星敦大道，是苏富比总裁戴安娜·布鲁克斯（Diana Brooks）的住所。她的对手，佳士得的总裁戴维奇（Davidge），从伦敦乘坐协和飞机而来。布鲁克斯和他在苏富比的公务车后座开始了谈判。当天，戴维奇便乘协和飞机返回。得益于这一安排，20 世纪 90 年代后半期，两家拍卖行的利润和股价都有了显著增长，这对同谋也充分享受了这波股市行情带来的效益。此举构成了内幕交易。

在美国的司法诉讼中，检察机关通常会与嫌疑人达成"交易"。戴维奇被提供有条件的赦免，只要他能提供足够的证据指控布鲁克斯，他便欣然接受并揭发了她。根据反垄断法的一项条款，在诉讼中只有一方可以获得这种交易机会。当布鲁克斯试图揭发戴维奇时，为时已晚。她面临入狱的风险，而苏富比则被罚款 4500 万美元。

在这个财富追逐稀有艺术品的世界里，戴维奇的形象仿佛直接出自狄更斯（Dickens）的小说！年仅 54 岁的他，已经在佳士得工作了近 40 年。他 16 岁时以暑期实习生的身份进入公司，就像他的父亲和祖父一样。戴维奇并不属于那些在拍卖会上云集的上流社会人士，反而对他们充满鄙视。他憎恨那些曾经给他祖父支付微薄工资，并在他祖父去世后只给祖母极低抚恤金的傲慢贵族。戴维奇在佳士得的职业生涯堪称华丽复仇：从秘书到印刷主管，再到英国区运营主管，最后成为总裁。他在这个职位上表现卓越，通过广告和市场营销，佳士得终于在 1997 年超越了苏富比，终结了 43 年的第二名位置。然而，不论他的激烈言辞还是职场成功，染发、手戴金戒、身着粉红细条纹西装的他从未被上流社会真正接纳。面对拥有完美背景、受过伊顿公学和剑桥大学教育、被封为骑士的安东尼·坦南特爵士，戴维奇在社交上毫无机会。戴维奇依靠更实际的价值弥补了这一点：据说他获得了一笔丰厚的离职金——大约750万美元；他还与佳士得的一名印度籍员工结婚，有些婚礼邀请函甚至包含前往孟买的头等舱机票……

当勾结的消息被公之于众时，这一丑闻轰动一时。可以想象，那些愿意花费数千万美元购买一幅画的客户，在感觉被骗时会何等愤怒。一旦事情开始发酵，它便势不可挡。欧盟委员会和澳大利亚竞争委员会紧随美国联邦当局，对这两家艺术拍卖巨头在各自管辖范围内的行为展开调查。超过10万人，包括买家和卖家在内，提起了集体诉讼，最终这两家拍卖行被判支付总额高达5.12亿美元的赔偿金！

苏富比前董事长阿尔弗雷德·陶布曼甚至被指控多年来通过虚报收入来提高公司股价。苏富比的市值暴跌13亿美元，股价从几个月前的47美元跌至如今的17美元。此时，新经济对这家拥有250年历史的拍卖行施加了最后的羞辱：一家成立不到5年的互联网拍卖初创公司eBay出价16亿美元收购苏富比。其他买家也在排队。伯纳德·阿尔诺关注股市后，向陶布曼提出收购他在苏富比的股份。随后，阿尔诺开始大规模挖角两大竞争对手的顶尖专家。

LVMH的董事长阿尔诺意图包围皮诺。在这场涉及竞争对手的事件爆发仅2个月后，阿尔诺决定展示菲利普斯拍卖行的潜力。2000年5月8日，艺术市场正处于"震惊"状态。佳士得和苏富比因丑闻遭受重创。尽管两家拍卖行在伦敦和纽约的拍卖会上展示了许多精美的作品，但心情已不如从前。拍卖界都知道，一些重要客户并未按计划提供他们的作品。因此，所有目光都转向了新兴的菲利普斯。为了迎接这一难得的关注，菲利普斯搬离了略显狭小的旧址，迁至美国工艺博物馆，筹备有史以来规模最大的一次拍卖。趁热打铁，时机正好……

此前，菲利普斯拍卖行在专家圈子里一直局限于拍卖价值几十万美元的作品。这次，它们进入了顶级拍卖行的行列。参观者为之惊叹。在拍卖台上的画架上，他们看到了一幅价值 700 万美元的塞尚作品《加尔丹纳的周边》（*Environs de Gardanne*）和一幅价值 800 万美元的莫奈作品《胡安·莱斯·皮恩斯的海滩》（*Plage de Juan-les-Pins*）。还有雷诺阿（Renoir）和高更（Gauguin）的作品展出。此次拍卖的亮点无疑是马列维奇（Malevich）的作品，但拍卖师拒绝提供估价，以保持悬念并吸引媒体关注。专家们疑惑：菲利普斯是如何吸引到这些珍品的？他们在精美的目录上找到了线索。根据纽约州法律要求，组织者记录了对卖家的担保和预付款。31 件作品中有 24 件提供了担保，这意味着拍卖商必须坚持要求作品所有者不要去佳士得和苏富比拍卖行报价。无论拍卖结果如何，拍卖商都向作品所有者承诺一个最低价格。在 24 件担保作品中，有 8 件还附带了预付款。菲利普斯仅凭 7 件无担保作品中的 6 件就实现了盈利。谣言四起：这些作品可能是菲利普斯自己买回来的！

　　或许是出于嫉妒，内行人悄声议论，这些作品不值菲利普斯提供的担保金额。但这些都无关紧要！为了震撼艺术界，向弗朗索瓦·皮诺展现实力，伯纳德·阿尔诺愿意做出巨大牺牲。他这次可能花费不菲，但成功震惊了观众，在公众心目中提升了品牌形象。马列维奇的作品最终以 1800 万美元成交！

　　不用说，几天后，自尊受挫的两个巨头迅速做出了反应。苏富比拍卖了莫奈的《门》（*Le Portail*），以略高于 1500 万美元的价格成交，还拍卖了毕加索的静物画《果盘和吉他》（*Compotier et Guitare*），售价 1000 万美元。佳士得则以另一幅毕加索的作品《带郁金香的静物》（*Nature morte aux tulipes*）收尾，成交价超过 2000 万美元。真是令人惊叹！

瑞士钟表业被包围

时尚名流会从大都会飞往高档度假胜地。瑞士小镇拉绍德封确实是全球奢侈品的首都之一。从远古时代起，这个位于纳沙泰尔附近的瑞士城镇便是顶级钟表行业的"心脏"。

一些纯粹主义者可能会不情愿地将这一重要艺术品归为奢侈品，他们解释说，与奢侈品完全相反，钟表业不以浮华和炫耀为目的。按照传统主义者的理解，在真正的钟表中，最重要的部分是不可见的。人们愿意花费巨额财富去追求那种神秘、幽微、隐藏在视线之外的钟表机制的可靠性。

因此，用美元、并购和巨额利润来描述钟表世界，简直是对它的侮辱。钟表业首先是充满激情的地方，满足了人类相信自己能够掌控时间的需求。

在 20 世纪 90 年代中期，我们看到成千上万的钟表狂热者屏息以待多年，只为见证一位来自索利亚特的工匠——菲利普·杜富尔

(Philippe Dufour)——最终成功开发出一款带有双调节器的腕表。20世纪30年代，汝拉山谷技术学校的学生曾尝试过这种大胆的设计，但仅限于怀表领域。对杜富尔及其支持者来说，这不仅是一个技术挑战，更是履行道德责任，以回答"那个"问题：如何补偿重力对擒纵机构的影响？擒纵机构是维持摆轮振荡的机制，直接影响腕表的运行规律性和精度。显然，与1801年由著名的亚伯拉罕·路易·宝玑（Abraham Louis Breguet）发明的陀飞轮系统相比，答案必须实现根本性的创新。杜富尔没有让他的支持者失望，他成功地将其运动结构控制在直径30毫米、厚度4毫米的范围内，为钟表业带来了自瑞士杠杆擒纵机构以来的首个重大创新。

正是因为这种微型化的壮举，一块腕表的价格才能达到难以想象的高度。而正是由于这些高价，钟表业不得不参与无情的奢侈品战争，这令传统主义者大为不满。这场战争涉及四大集团：法国的LVMH、瑞士-南非的历峰集团，以及瑞士钟表集团劳力士和斯沃琪。数十亿美元被投入这场战争，就像大象闯入瓷器店一样！

乍一看，这些数字与移动电话运营商处理的天文数字相比，并未显得特别惊人。尤其是在一个惯于沉默的行业中，这些数据特别难获取。我们不得不依靠海关统计数据进行推测。2000年，全球腕表生产市场的销售额约为180亿~200亿瑞士法郎（按2000年的汇率，1美元约等于1.5瑞士法郎。——编者注）。其中，瑞士的腕表出口额超过100亿瑞士法郎，占总量的一半以上。瑞士在高端市场中占据了显著地位。全球腕表的平均售价为 145 瑞士法郎，而瑞士制造的腕表平均售价为 310 瑞士法郎。

集中化的浪潮终有一天会冲击钟表业，这是不可避免的。钟表业拥有巨大的利润空间，但极端的分散性使各个品牌无法充分发挥其财务潜力。此外，许多钟表公司财务状况不佳，无法满足需求，导致长期产能不足。

这些公司通常由瑞士家族以传统方式经营，成为过去 10 年来奢侈品集团的理想收购目标。因为在 1989 年之前，这个行业一直以其不透明和不流动性而自豪。

一切始于斯沃琪。这个总部位于瑞士比尔的集团如今控制着世界钟表市场近四分之一的份额，几乎垄断了许多钟表机芯，其发展轨迹具有象征意义，因为它表明奢侈品有时需要大众市场才能生存。如果没有尼古拉斯·海耶克在 1983 年推出塑料腕表品牌斯沃琪来应对廉价日本腕表的冲击，谁知道他能否长久地控制天梭（Tissot）和欧米茄等大品牌？这些品牌原属于历史悠久的 SSIH 和 ASUAG 集团，后来在他的管理下合并为 SMH，并在 1998 年改名为斯沃琪集团。

斯沃琪腕表的初期发展并不顺利。客户对这一创新的热情有限，而业内对这个新来者则表现出傲慢和蔑视的态度。就好像在波尔多，一个葡萄园主突然开始酿造啤酒！不仅如此，新品牌还使用了廉价的材料，并且不断变化。每年，斯沃琪都会更改颜色和款式，走的是时尚路线，主要目标客户是女性。这与瑞士钟表业长期以来引以为傲的稳定性、排外性和反时尚的特点完全相反。斯沃琪的新营销策略起初进展缓慢，但在 20 世纪 80 年代后期，海耶克的品牌做出了一个决定，结果却超出了预期：他们进军意大利市场。成功是惊人的。意大利女性，随后是男性，疯狂地抢购这些五颜六色的腕表。热情高涨到令这些实际价值几乎为零的腕表成为稀缺品。当新款上市时，一些狂热爱好者还在店外的人行道上露宿，甚至连警察都报告了几起街头抢劫案。1989年，在品牌腕表的首次拍卖会上，一些斯沃琪腕表拍出了卡地亚腕表通常才能达到的价格。如今，斯沃琪集团每年销售约 1.2 亿只腕表，涵盖约 20 个品牌，从斯沃琪到钟表界的顶级品牌如宝珀（Blancpain）、宝玑和格拉苏蒂原创（Glashütte Original）。

除了引发客户的狂热，斯沃琪品牌还为整个奢侈品世界作出了巨大贡献。它让人们认识到腕表的价值，并明白这种小物件可以为任何将其名字镌刻在上面的品牌带来巨大财富。各大时尚品牌纷纷涌入钟表市场，开发自己的钟表部门。香奈儿、爱马仕、古驰等品牌相继进军钟表市场，并取得了成功。今天，钟表业务已成为这些品牌最赚钱的业务之一。从 1990 年到 2000 年，瑞士腕表的出口量增长了 60% 以上，增长潜力充满变数。相较于传统品牌，新进入市场的玩家——主要是时装和皮具品牌——更好地利用了这一繁荣景象，因为这些新玩家创造了新的客户群体，这些客户更加年轻，更具女性化特征，且不再是传统的瑞士客户。瑞士仍然是全球钟表的主要供应商，按价值计算超过了美国，但未来可能会发生更多变化。例如，古驰的钟表部门古驰腕表在 10 年内从零收入增长到 3.3 亿瑞士法郎。

与此同时，瑞士钟表旺多姆（Vendôme）集团（现属历峰集团）决定为未来的钟表战争做好准备。旺多姆通过收购品牌和钟表组件制造商来实现这一目标。集团负责人意识到，控制机芯制造是一项长期战略需求。1998 年，旺多姆收购了伯爵。为了在全球范围内征战，某些短期贷款被用于长期投资，而债权银行又催得很紧——旺多姆需要一个大集团的现金。

许多声名显赫的家族企业也曾因管理不慎而陷入困境。百达翡丽的销售额不过 2 亿瑞士法郎，却投资 1 亿瑞士法郎建造了一座超现代化的工厂，但销售额跟不上，这家制造商濒临破产。奢侈品集团始终在寻找这样的机会，瑞士钟表业已被包围。

然而，并非所有传统品牌都在商业上停滞不前。几家企业顺利转型，成为典范，如泰格豪雅的成功故事。TAG 集团收购了成立于 1860 年的豪雅（Heuer）后，通过推出一系列创新产品，如"一级方程式"腕表，使品牌在 20 世纪 80 年代迅速崛起。1982 年至 1989 年，销售额从 600 万瑞士法郎增长至 7000 万瑞士法郎。而这仅仅是个开始。为了推广品牌，该公司引入奢侈品世界的营销技术，使其销售额再次大幅攀升：1988 至 1997 年，销售额每年增长 25%，从 6600 万瑞士法郎增长至 4.74 亿瑞士法郎。毛利率也从42% 增长至 55%。剩下的就是成功上市了。为确保品牌价值达到5 亿瑞士法郎，运营公司在首次公开募股前 6 个月出售给了一家位于卢森堡的控股公司。1996年，豪雅在苏黎世和华尔街两地上市，估值高达13亿瑞士法郎，正如我们所看到的，其中5亿是品牌资产。从这时起，形势陡然逆转：投资者认为这些股票市值是被操纵的。他们避而远之，股票一落千丈，信心荡然无存。伯纳德·阿尔诺只得在1999年年底重新拾起这个品牌。

1999年，LVMH计划将其变成一个丰收之年，这是其征服战略的顶峰，这一战略始于招聘欧米茄的总裁。除了泰格豪雅之外，还有两个品牌在这一年底加入了集团。10月，玉宝被Investcorp基金出售后，加入了LVMH的新成立的"钟表与珠宝"部门，带来了"经典运动系列"和"贝鲁卡系列"两条主要产品线。一个月后，真力时也加入了LVMH。尽管真力时不是顶级奢侈品牌，但它代表着巨大的潜力，因为它是少数几个仍在自家工厂生产机芯的品牌之一。真力时可以设计、开发和生产机械机芯，这在钟表战争中是一件强大的武器。

真力时制造了超薄自动上链机芯"精英机芯"，最著名的是"至尊机芯"。真力时也是一个商业平台，其设计的机芯被其他品牌的腕表所使用，其中一些品牌甚至是LVMH的竞争对手。例如，"至尊机芯"在1999年前一直被用于劳力士的迪通拿（Daytona），后者可能是世界上最受欢迎的腕表。对于新款迪通拿，客户有时需要等待多年，而劳力士尚未具备应对这一需求的生产工具。在理论上，真力时也能够为所有LVMH品牌制造机芯，特别是泰格豪雅。

　　1999 年底，LVMH 集团的制表业形势一片大好。然而，这些收购只为伯纳德·阿尔诺带来有限的满足感。因为在那年的最后几天，这位奢侈品帝国的皇帝将目光投向了一个更加诱人的猎物。但他并不是唯一一个……

对积家的欺诈性袭击

1999 年最后几天，一则消息震惊了钟表界：德国曼内斯曼（Mannesmann）集团决定出售其奢侈钟表部门"制表工厂"（Les Manufactures Horlogères，LMH）。这一消息对于电信专家来说并不意外，因为曼内斯曼刚刚被英国电信巨头沃达丰（Vodafone）收购，决定集中精力发展核心业务，剥离其他业务。因此，LMH 集团终于被推向市场。所有的分析家都很清楚它的产业规模：1000 名员工，销售额为 3.5 亿瑞士法郎，利润为 3000 万~4000 万瑞士法郎。几分钟后，消息传出，所有奢侈品集团，无论大小，都心向往之，但显然这场战斗将在三大巨头之间展开，即 LVMH 集团、古驰 -PPR 集团和历峰集团。

LMH 旗下有三个世界闻名的品牌，令全球钟表爱好者垂涎欲滴。首先是积家（Jaeger-LeCoultre），1833 年成立于勒桑捷，是瑞士高端制表业最大的雇主之一。在其现代化的工厂中，品牌生产著名的"翻转系列"腕表、"空气钟"以及为其他瑞士品牌供应的机芯。积家被出售了！在钟表鉴赏家的心目中，它毫不逊色于百达翡丽。而且，从军事隐喻上来说，它代表了一支几乎独立自主的高质量工业力量。

LMH 集团的第二个品牌是国际钟表公司，或称万国表（International Watch Co，IWC）。该品牌大胆地在瑞士东部的沙夫豪森开店，远离主要的劳动力集散地，因此不得不保留自己的制表学校，以教授和培训工匠。万国表以其三款主要型号闻名于世：达·芬奇（Da Vinci）、大复杂功能（Grand Complication）和戴丝特罗（Destriero）。最后，LMH 的第三个品牌是一大亮点，来自东德的朗格（A. Lange & Söhne）。柏林墙倒塌后，该品牌在与 IWC 的积极合作下重生，在 10 年内重返顶级品牌行列。朗格以其质量而非规模，被认为是 LMH 集团中最出色的品牌，深受挑剔的爱好者们的喜爱。

LMH 争夺战开始时，所有人都充满信心。历峰集团和 LVMH 率先入场，斯沃琪紧随其后，但它们惊讶地发现一些较小的集团，如古驰和宝格丽，也参与其中。甚至有传言说，非常低调的桑德兹（Sandoz）家族基金会也盯上了钟表界的超级三巨头，该基金会在各种金融控股中拥有超过 120 亿瑞士法郎的资产。

对 LVMH 来说，这次交易尤为重要。伯纳德·阿尔诺拥有一款运动腕表品牌和两款中档腕表品牌，他知道这是他在高端制表市场站稳脚跟并获得相应生产能力的最后机会。对于已经拥有卡地亚、伯爵、江诗丹顿、名士等高端品牌的历峰集团来说，目标恰恰相反：阻止 LVMH 集团在这一领域占据一席之地。这场对抗将是残酷的，但在很大程度上，它将是一场骗局：

官方宣布，这是一场由信誉良好的沃伯格（Warburg）银行主持的拍卖，但实际情况有些猫腻。当竞标者向曼内斯曼集团提出更高报价时，历峰集团在幕后已经迈出了决定性的一步。历峰集团在钟表行业中已经有着稳固的地位，并与历史悠久的瑞士钟表品牌爱彼（Audemars Piguet）的家族股东维持着长久而友好的关系。这种友谊证明了其巨大的价值。为什么？因为爱彼拥有积家40%的股份，并依赖该公司提供的高精度机芯。在沃伯格组织的拍卖开始之前，爱彼悄悄地以友好的价格将这 40% 的股份转让给了历峰集团。一旦这笔交易完成，其他竞标者几乎失去了胜算。

在瑞士钟表业中，金钱固然重要，但专业技能、行业信誉和历史积淀同样受到重视。LVMH 声称为 LMH 提供了高额报价，但最终却没有成功。原因很简单：瑞士传统的钟表工匠们对被一个多品牌奢侈品集团收购感到厌恶，但他们却对历峰集团网开一面，因为历峰集团的瑞士分部深受行业内部人士的认可。历峰集团的行业地位和人脉网络使其在竞争中占据了上风。

可能还有一些不那么神秘的因素也起到了作用。据说，历峰集团董事长约翰·鲁珀特持有控股公司伦勃朗（Rembrandt）的股份，该公司控制着历峰集团。伦勃朗又在南非拥有沃达丰的移动电话牌照，而沃达丰正是曼内斯曼的母公司，后者正寻求出售

LMH 的三个钟表品牌。互惠交易？谁知道呢？

尽管有幕后交易，竞标仍持续了很长时间，攀升的金额让大大小小的竞标者望而却步。历峰集团最终以 16.3 亿美元收购了 LMH，是其 1999 年销售额的 8 倍，1999 年利润的近 40 倍。这可能是奢侈品行业中品牌收购史上最疯狂的价格。但这次收购使历峰集团在奢侈钟表市场上排名第二，仅次于劳力士。

对 LVMH 来说，这次失利是一次沉重打击。尽管伯纳德·阿尔诺出价颇高，但瑞士钟表界似乎对他嗤之以鼻。当时有传言称，拍卖并不公平，暗指历峰集团对爱彼持有的积家 40% 股份拥有优先购买权。

"牛仔是不会哭鼻子的。"

约翰·鲁珀特风趣地回应道。然而，他的一位同事却直言不讳地表达了鲁珀特对 LVMH 的看法：

"说到腕表，集团中的每个人都想划清界限，并说：'听着，伙计们，这是我们的地盘。别想着好高骛远。'我感觉他们开始明白了……"

阿兰·多米尼克·贝兰（Alain Dominique Perrin）更是毫不留情地说：

"很简单，在高端钟表界，LVMH 根本不存在。"

伯纳德·阿尔诺也承认，LVMH 从未有机会赢得这场战斗。事后，鲁珀特亲自向他解释了原因。这让阿尔诺想起这件事时显得有些自嘲：

"约翰告诉我，他与曼内斯曼达成了协议：无论我出价多少，历峰集团都会比出价高出 10%。他不可能失败，他是公平赢得这场胜利的。"

事实上，LVMH 的钟表冒险已陷入困境。市场上已没有可供收购的大品牌。唯一可能被出售的顶级品牌是百达翡丽，但它绝不会被卖给 LVMH。若面临危机，百达翡丽会像神秘而强大的劳力士一样转型为基金会。而劳力士，无论在法律上还是财务上，都完全超出 LVMH 的掌控范围。实际上，如果劳力士愿意，它倒是有能力收购伯纳德·阿尔诺的 LVMH 集团。

机芯的王国

　　在历峰集团悄然获胜的争斗中，钟表界如同一张持续变化的拼图，不断进行重新组合。面对新兴的强大力量，行业内立刻点燃了反击的火焰。被击败的对手斯沃琪迅速收购了宝玑。加上之前已拥有的宝珀，这两个高端品牌的加入使斯沃琪开始动摇历峰集团的垄断地位，尤其是看到这两个顶级品牌落入一个生产塑料腕表的制造商手中，历峰集团感到非常恼火。

　　不仅仅是腕表，还有更多隐秘而重要的战斗正在进行，这些战斗关乎对机芯制造商的控制。为了确保稳定可靠的供应渠道，各大集团都在试图进行垂直整合，即控制零件和机芯的制造单位。一款高端自动机械表的机芯至少包含 40 个不同的零件，每个零件可能来自不同的工厂。斯沃琪大肆收购机芯制造商，导致产能过剩，而所有竞争对手的情况则恰恰相反，产能不足。

长期以来，斯沃琪一直在寻找机会，最终成功吞并了宇宙表针公司（Universo），这家公司几乎是 LMH 三大品牌制造腕表所需指针的唯一供应商。这在一定程度上削弱了历峰集团的胜利，因为历峰在制造腕表时将被迫使用劲敌斯沃琪提供的指针，这种依赖让历峰集团感觉很不自在。

但这还不是全部。斯沃琪正在包围整个钟表行业。该集团专注于一些微小的技术领域，并制造出几乎整个行业都需要的三四个小零件。现在问题来了：如果斯沃琪某天决定延迟交货会怎样？众所周知，LVMH 最近收购的泰格豪雅就没有及时收到所需的腕表指针。平均延迟约 3 个月，大量腕表会因缺少指针而无法按时交付！

斯沃琪集团的影响力不仅限于指针生产。长期以来，尼古拉斯·海耶克的集团在制造"游丝"方面拥有全球垄断地位。游丝是一个小型螺旋弹簧，与摆轮一起构成机械表的调节器官，确保摆轮在每次振荡结束时返回原位。游丝储存摆轮的能量并将其传递给驱动指针的装置，从而通过手腕的自然运动实现腕表上弦。数十年来，只有一家位于德国的小铸造厂生产了 50 公斤这种小零件所需的合金。这种合金具有卓越的品质，能让高端钟表品牌承诺其产品的年误差不超过一秒。没有游丝，就没有高档腕表！这一著名合金的知识产权属于瑞士德国合资公司士卓曼（Straumann）公司，其位于瓦尔登堡，而生产任务则由位于勒洛克的尼瓦洛克斯（Nivarox-FAR）承担，该公司隶属于斯沃琪集团。

　　在钟表行业中，只有一个集团不依赖斯沃琪提供指针——劳力士。只有一个集团成功打破了私有垄断——还是劳力士。

劳力士的面纱

奢侈品界的战神有时沉默如谜。当公众在媒体上听到劳力士的消息时，通常是因为该集团赞助了体育赛事，或者是在 2000 年 12 月，让 - 克洛德·基利（Jean-Claude Killy）加入了董事会这一事件。然而，大多数时候，作为全球最知名的品牌之一，劳力士从不公开谈论自己的产能和财务业绩。

这家位于日内瓦的钟表公司是世界上最为低调和沉默的企业之一。然而，一些瑞士专家通过不同来源的信息交叉验证，还是揭开了它的部分面纱。据悉，近年来劳力士的年营业额为 70 亿 ~ 100 亿法郎，排名在历峰集团和斯沃琪集团之后，但实际情况更加复杂。如果考虑到劳力士控股公司的合并营业额，包括其工业集团、由 24 家公司组成的销售渠道、劳力士和帝舵（Tudor）两个品牌以及其他非金融业务，我们至少可以得到一个数字——官方数字的 2 倍或 3 倍！只有极少数人了解劳力士的合并财务报表。据悉，作为一个品牌，劳力士以约 17% 的市场份额位居世界第一，把第二名的卡地亚远远甩在身后，后者市场份额不超过 6%。此外，劳力士 90% 的产品出口销售，其因而直接控制着 24 家国外分销子公司，这是不争的事实。

集团董事长帕特里克·海因格（Patrick Heiniger）透露，劳力士每年销售 750000 块腕表，其中 680000 块为认证计时器（Chronomètres certifiés 是指经过 COSC 认证，即瑞士官方天文台检测机构认证，这是对手表准确性的严格测试，确保手表在各种条件下都能保持高精度。——编者注），其余为切利尼系列（Cellini）和帝舵品牌产品，平均售价为 20000 法郎。据说劳力士的净利润率至少为 25%，是日内瓦州最大的纳税企业。

在劳力士的世界里，保守是一种生活方式。自 1905 年成立以来，公司只有 3 位所有者。汉斯·威尔斯多夫（Hans Wilsdorf）是一位居住在伦敦的巴伐利亚人，他凭直觉认为，只要能制造出防水表壳和自动发条，时间从此就可以被"佩戴"在手腕上。他做到了。1962 年，他建立了以自己名字命名的基金会，如今控制着劳力士。接任者安德烈·海因格（André Heiniger）是一位工程师，领导公司直到 1992 年，然后将权杖交给了他的儿子帕特里克。这位律师的骄傲之处在于：几乎完全不做市场营销，这让竞争对手倍感困惑。像卡地亚这样的公司会不断调整战略定位，探索品牌的本质，而劳力士却在奢侈品战场上静坐不动，不涉足其他产品的多元化发展。然而，劳力士腕表是全球最具辨识度，也是被仿制最多的腕表。劳力士几乎从不推出新款，仅凭其作为 20 世纪 80 年代技术完美和略显浮华的奢侈品象征而名扬四海。

对劳力士的 3000 名员工来说，生产率是一种诅咒。相反，在制造过程中的每一个阶段，控制措施都成倍增加，研发预算的很大一部分都被投入机器开发，以检测可能存在的缺陷。制造一块完美的腕表需要时间，而客户愿意等待。制造稀缺性一直是建立高端形象的最佳方式。

至于劳力士经销商的工作，那是真正的美差：许多款式（如潜航者系列或探险家系列）提前几个月甚至几年就已售罄。劳力士收到数千份合同申请，商家渴望出售这些热门产品并赚取利润，但大多数申请都被拒绝。劳力士经常因为拒绝销售而被起诉，但它似乎并没有受到任何影响。

劳力士不仅在营销上不动如山，还对所有时尚现象都持根本性的怀疑态度。20 世纪 70 年代，当整个行业都在争相采用石英机芯时，劳力士的无动于衷被证实是"天才之举"。当时，劳力士每年仅销售约 10 万只腕表，是一个不错的品牌，但明显落后于欧米茄。在石英热潮中，许多高端钟表品牌丧失了灵魂，形象严重受损，返修率有时高达 40%。然而，令同行们惊讶的是，劳力士的董事长兼总裁安德烈·海尼格尔拒绝了石英技术，坚守老式自动机芯。这种坚持使其声誉保持不变，并在 20 世纪 80 年代的奢侈品热潮中迅速崛起。

尽管劳力士秉持保守风格，但它在广告方面一直表现出色。

创始人汉斯·威尔斯多夫曾将其防水的蚝式表壳佩戴在马塞德丝·格莱茨（Mercédès Gleitze）腕上，她是首批单程横渡英吉利海峡的游泳运动员之一。威尔斯多夫还将同一款腕表展示在充满鱼的水族箱中。

尽管如此，劳力士的广告策略几乎没有变化。尽管预算庞大，但广告主题始终如一：世界级名人——有时是歌剧演员，有时是顶级运动员——佩戴劳力士。

劳力士的真正秘密在于它不仅仅是一个钟表品牌。首先，汉斯·威尔斯多夫基金会拥有劳力士 100% 的股份，这使得公司不受任何恶意收购的影响。基金会是一家真正的机构，在瑞士及海外都有影响力。7 位日内瓦名流管理着基金会，但不参与品牌管理。相反，他们资助社会公益事业，如资助贫困学生的假期、建造学生宿舍等。此外，品牌利用其丰厚的现金流进行投资。首先是房地产，劳力士通常拥有它在海外分公司的驻地房产，如纽约第五大道的一栋大楼和巴黎蒙梭公园旁的一栋别墅。在一些人眼中，劳力士不仅仅是一家钟表公司，甚至可以被视为一家银行。至少，劳力士集团在几家银行中拥有主要股份，这些股份为其提供大量现金流。1997 年，瑞士媒体透露，劳力士拥有瑞士联合银行 5% 的股份，这是全球最强大的银行之一。一些专家认为劳力士在苏黎世证券交易所的市值中也占有相当大的份额。

"劳力士可能是瑞士最大的银行之一！"日内瓦咨询公司的创始人兼总监帕特里斯·穆勒（Patrice Mueller）如是说。

奢侈品皇帝
与钻石之王的会面

2001 年 1 月 16 日，位于伦敦的戴比尔斯（De Beers）总部如往常一般，宛若一座堡垒。厚实的墙壁、沉重的铁栅栏、数十台监控摄像头、电子门禁系统和面无表情的保镖将其围得密不透风。尽管外部场景如电影般震撼，但对那些追求刺激的人来说，内部则显得平淡无奇，它看上去就像一家银行，并没有为即将到来的贵宾准备任何奢华的东西。

LVMH 的董事长伯纳德·阿尔诺风度翩翩、神情专注且步履匆匆，准时抵达。他外套微敞，迈入装饰着金边的大木门。戴比尔斯董事长尼基·奥本海默（Nicky Oppenheimer）在此迎接他。两人不多做寒暄，径直登上顶层的会议室。很难看出他们的心情如何。在大企业的世界里，大佬们就像政客或牌手一样，训练有素地隐藏着自己的情感。

伯纳德·阿尔诺内心暗自欢喜。自从在收购钟表制造商之战中惨败给历峰集团后，他一直在寻找机会复仇，如有可能，最好在钟表和珠宝行业，他还希望能有一个南非盟友。而现在，他如愿以偿。

法国人很少表现出谦逊的态度，但作为小企业主的儿子，伯纳德·阿尔诺对面前的这位对话者却怀有某种钦佩之情。尽管LVMH无疑创造了一个辉煌的成功故事，但奥本海默家族堪称传奇。他们是德裔犹太人，于20世纪初移居英国，随后前往南非，成为世界上最富有的家族之一。在1977年前的辉煌时期，他们直接或间接控制了约翰内斯堡（Johannesburg）证券交易所一半的市值。如今，他们通过戴比尔斯对全球钻石的垄断逐渐被削弱，但依然控制着世界黄金开采业的龙头企业英美黄金公司（Anglogold）和世界铂钯开采业的龙头企业英美铂业公司（Amplat），显然比LVMH要有实力得多。

今天上午二人会面，很可能是奢侈品界一次历史性的签约。数月来传闻不断——一些专家声称他们早已预知此事——但消息依然震撼人心。再过几分钟，戴比尔斯便不再只是世界上最大的钻石开采和原钻交易公司，它还将成为一个独立的奢侈品牌。几十年来，戴比尔斯一直满足于向品牌出售钻石，由品牌制作自己的名下的珠宝，现在它决定在珠宝上刻上自己的名字。起初仅专注于钻石珠宝批发市场的戴比尔斯，现在开始进军零售市场，决心从这块价值600亿美元的蛋糕里分一块。

戴比尔斯有选择的余地吗？其实并没有。当然，1999年是令人赞叹的一年，全球范围内为庆祝千禧年而出现了前所未有的珠宝购买热潮，戴比尔斯利润飙升 83%，达到 6.86 亿美元，但这只是南亚经济衰退后的短暂复苏，而南亚占据了全球约 40% 的钻石珠宝消费。因此，1999 年的复苏并未改变其长期趋势。如果继续局限于市场上游，戴比尔斯的衰退将是不可避免的。

首先，原钻市场竞争激烈，戴比尔斯垄断全球、仅向 125 位精心挑选的客户销售产品的黄金时代已经过去。如今，戴比尔斯只控制了 45% 的原钻产量和 30% 的高端钻石产量。尽管通过其伦敦的子公司钻石交易公司（Diamond Trading Company）仍能交易全球约 65% 的原钻，但这要归功于其与俄罗斯和加拿大签订的脆弱的营销协议。

此外，戴比尔斯已不再垄断最优质的矿山。虽然它仍牢牢掌控着几座著名的南非矿山，但最新发现的或刚开始投产的矿山已不再属于它。随着优质新矿山日益稀缺，戴比尔斯已失去行业的主导地位。例如，德瀚是最有前途的矿山之一，但它属于竞争对手南非的鲁珀特（Rupert）家族。此外，戴比尔斯在加拿大北方的新钻石乐园中几乎没有存在感。苏联将卡特尔游戏玩得炉火纯青，但后来的俄罗斯与黑市交易密切相关，曾因走私问题被排除在卡特尔之外长达一年。澳大利亚也对戴比尔斯耍了个花招，让世界上最大的阿盖尔矿退出了卡特尔。在非洲，戴比尔斯的影响力由来已久，但非洲却对戴比尔斯的扩张进行了反击。在安哥拉，与爱德华多·多斯·桑托斯（Eduardo dos Santos）政府签署的协议正面临以色列商人列夫·利维夫（Lev Lievev）的激烈竞争，后者掌握了该国两座最优质的矿山。在扎伊尔（今刚果民主共和国），戴比尔斯在塞塞·塞科·蒙博托（Sese Seko Mobutu）垮台后试图保住其特许权，但利维夫说服了洛朗-德西雷·卡比拉（Laurent-Désiré Kabila）政府，获得了卡萨伊和加丹加钻石的独家销售权。至于塞拉利昂，该国正处于血腥的内战之中，钻石贸易在其中扮演着决定性的角色，但由于联合国禁止"冲突钻石"，戴比尔斯被禁止进入塞拉利昂。理论上，戴比尔斯通过空壳公司在俄罗斯占有很大的市场份额，但在那里，规模更小、更灵活的以色列竞争者也紧随其后。

因此，在21世纪初，戴比尔斯必须进行重大改变。卡特尔已经解体，迎来了竞争时代！既然垄断已经结束，无法再控制价格，戴比尔斯需要寻找利润空间。这一无情的逻辑宣告了其传统运作模式的终结。被安特卫普钻石商们称为"章鱼"的戴比尔斯必须适应变化。它准备从市场的看门人转变为新兴产业的领导者。

随着岁月流逝，南非财团的金融家们终于明白，原钻并不能带来太多利润。相比高端珠宝的利润率，原钻库存的盈利能力显得微不足道，更不用说顶级钟表行业所带来的丰厚利润。戴比尔斯想要这些利润，并且理应得到！谁比戴比尔斯更有资格成为奢侈品牌的代名词呢？这不正是其历史的逻辑延续吗？看到像古驰这样的珠宝专业知识为零的集团珠宝销售额日益增长，戴比尔斯不禁心急如焚。它肯定能比这些新手做得更好。

许多毫无珠宝背景的高级时装品牌，如迪奥、香奈儿和范思哲，都开始推出自己的珠宝，并且取得了成功。戴比尔斯曾间接尝试过一次，帮助时装设计师艾斯卡达（Escada）推出了一条钻石珠宝线。如果戴比尔斯无法独自成功，那将是一个极大的讽刺！戴比尔斯花了这么长时间才适应这个必然的转变，因为它是一个官僚作风严重、奉行陈旧资本主义的庞然大物。如果伯纳德·阿尔诺在这个 1 月的早晨出现在戴比尔斯的伦敦总部，那是因为戴比尔斯明白它无法独自迈出这未知的一大步。这个世界上最大的原钻交易商决定与全球奢侈品巨头联手。LVMH 并不是它的第一个选择，它也曾接触过古驰，但古驰更愿意继续独家销售自有品牌的珠宝。

戴比尔斯对真正奢侈品世界的吸引力不难理解。至于交易条款，双方各出资 2 亿美元，用于品牌头 5 年的推广。5000 万美元内，双方利润将平均分配；在 5000 万至 3 亿美元之间，戴比尔斯将保留 60% 的利润；超过 3 亿美元后，利润将再次平分。这并没有什么特别之处。推广费用将平摊，这对戴比尔斯至关重要，因为它每年花费超过 2 亿美元在"钻石恒久远"的传奇广告宣传上。毕加索和达利都曾参与广告创作。伯纳德·阿尔诺的集团承诺将在主要城市开设高级专卖店。高端房地产是其专长：他最擅长以最佳价格拍下大都市中的最佳位置。

为了管理这个新品牌，双方将成立一家独立公司，并将"戴比尔斯"品牌的全球使用权转让给这家公司。在奢侈品行业，将一个品牌隔离在一个特定的法律框架内以保护其免受掠夺者的侵害并不罕见，但这并不是一个普通的案例。合资公司将不会直接从戴比尔斯处购买原钻或抛光钻石，尽管其营业额的 5% 来自切割钻石；它将从已经切割好的钻石的经销商处采购，无论这些经销商是不是戴比尔斯的客户。对衰退中的卡特尔来说，这无疑又是一个打击！这一选择必然会在戴比尔斯旧模式的供应链中引发担忧。现在，游戏规则已经改变。

戴比尔斯也决定将其品牌的运营委托出去。这一决定让一些分析师感到惊讶，因为戴比尔斯将不再对合资公司的管理负责，该公司将成为 LVMH 投资组合的一部分。LVMH 的总裁迈伦·乌尔曼将担任董事会主席。LVMH 的官方声明进一步强调：

"戴比尔斯集团的主要业务仍将是钻石原矿的开采和销售。"

双方合作的不对称性可能会让人感到意外，但如果深入研究一下近年戴比尔斯与美国之间的复杂关系，这个决定便不难理解了。坦率地说，与 LVMH 合作也是为了绕过南非集团在美国市场的禁令。这个禁令对戴比尔斯构成了巨大的障碍。美国市场占全球钻石珠宝市场近一半，而戴比尔斯没有美国市场。1994 年，戴比尔斯与通用电气公司（General Electric Company）一起被美国法院判定犯价格操纵罪。这在美国商业法中是非常严重的指控，而且论证完全合理。在过去的 10 年里，戴比尔斯已尽一切努力遏制其市场主导地位的下降，但其下降幅度相当显著！回顾数据：在 20 年间，戴比尔斯的市场份额从全球钻石原矿供应的 80% 下降到约 65%。这种下降在最优质的钻石类别中尤为明显，从 20 世纪 80 年代初的 80% 下降到不足 40%。为了保护自身利益、控制下滑，戴比尔斯不惜通过在需求不足时大量囤积来人为抬高价格。然而，美国司法部门对此监控严密，认为操纵价格是一种犯罪行为。事实上，这只是戴比尔斯集团与美国司法系统的一次新冲突。美国联邦当局认为，长期控制全球钻石原矿市场约三分之二的戴比尔斯享有事实上的垄断地位，这在美国消费者保护法中被视为重大犯罪行为，应受到反垄断法的制裁。这种制裁带来了极不愉快的实际后果：戴比尔斯集团的一些高管在毫无戒备的情况下携家人去佛罗里达度假时，被迈阿密警方拘留并审问。

如今，这些麻烦已成为过去。

戴比尔斯寄希望于
"星巴克效应"

现在，随着品牌由在美国市场具有强大影响力的伯纳德·阿尔诺集团合法运营，戴比尔斯的美国大冒险可以开始了。无论如何，LVMH 仍是个不错的选择，戴比尔斯将受益于 LVMH 在选择性分销、商品推广和品牌运作方面的非凡经验，而这一点对于戴比尔斯尤为重要。LVMH 谙熟品牌管理艺术，这是一门将一个名字转化为数十亿美元的精妙艺术。戴比尔斯是一个全球知名品牌。1998 年，总部设在波士顿的贝恩咨询公司（Bain & Company）对该品牌的企业附加值进行了研究，即在商业运作情况下的财务潜力。研究结果非常令人振奋。

这一切都基于一个非常简单的认知：钻石既是珠宝的组成部分，也是珠宝，因此是一种奢侈品。从一种状态转变为另一种状态，意味着彻底改变自己的个性和股市形象。一家矿业公司转型为奢侈品牌，某种程度上是从"旧经济"向"新经济"转型，依靠其名字蕴含的财务力量。在梦幻世界中，名字即品牌，是通向梦想的跳板，价格有无限想象空间。正因如此，奢侈品成为了一个巨大的金融磁石。进入奢侈品行业意味着股票价格将飞涨，达到类似于1998年至2000年互联网股票热潮的高度。不同的是，在奢侈品领域，艾伦·格林斯潘（Alan Greenspan）几年前所批评的"非理性繁荣"正是这个行业的动力。奢侈品本质上建立在"非理性繁荣"之上。例如，爱马仕90%的市值由其名字中的6个字母构成，仅有10%由其工坊和原材料等有形资产构成。

这种非理性的力量在股票市场上通过一个术语表现出来：市盈率。市盈率是指市值与公司利润的比率，反映了公众的热情和公司的实际业绩。目前，戴比尔斯的市盈率为8，而LVMH为34，蒂芙尼为24。这表明，只要戴比尔斯真正转型为奢侈品牌，其前景将非常广阔。

为了实现这一目标，戴比尔斯正在进行彻底的战略转型。数十年来，它尽可能地抑制需求，以维持较高的价格。如今，失去了垄断的武器，它必须反其道而行之，努力扩大对顶级切割钻石的需求。首先通过广告，然后激励受到卡特尔解体影响的选矿商积极行动。正因如此，戴比尔斯的新竞争对手们——如卡地亚、宝格丽、蒂芙尼等——并不太担心这名新手的加入。它们认为，戴比尔斯为推广自身品牌所做的努力也会惠及整个行业。这就是市场营销专家所谓的"星巴克效应"，指涉星巴克连锁咖啡店的创立对整个快餐业的影响。当公司通过创新产品、创建品牌和发布广告来提升产品的声望时，整个行业都会受益。

　　戴比尔斯的这一举措可能只是大浪潮的开始，因为钻石行业还处于沉睡状态。被垄断催眠了 50 年，它从未想过采用那些让奢侈品牌成为超级提款机的方法。现在是时候这样做了，但戴比尔斯需要努力跟上。钻石行业的公司在市场营销上的支出不超过其营业额的 1%，而奢侈品牌至少为 10%！

　　显然，加入竞争需要大量资金。众多独立小公司将被吞并或收购，如旺多姆广场上享有盛名的亚历山大·雷扎（Alexandre Reza）珠宝。LVMH、历峰集团、古驰和宝格丽这些大集团最终将瓜分全球钻石市场的财富。LVMH 是最后一个加入的，它与戴比尔斯的合作不会很快见效。宝格丽在全球拥有 95 家专卖店，市场份额不超过 3%，而 LVMH 计划到 2003 年只开设 4～5 家戴比尔斯专卖店。需要给时间一点时间。

　　关键在于市场的开发潜力。这一潜力是巨大的。珠宝市场高度分散，品牌极少。有几个数字可以说明这个游戏的开放程度。蒂芙尼和卡地亚这两大钻石珠宝巨头只控制了大约 30% 的市场份额；宝格丽，正如之前所提到的那样，也只能占到 3%。在全球 600 亿美元的钻石珠宝市场中，高端市场约占 10%。这意味着，高端市场的一半由没有品牌的珠宝组成，这些珠宝通过无数独立的商店销售。这些条件非常有利于"星巴克效应"的发挥。

　　一切迹象表明，钻石需求将大幅上升，这将有助于清空戴比尔斯在 2000 年估值为 50 亿美元的库存。然而，戴比尔斯需要在财务上进行一些改进！在全球化资本主义的洪流中，它就像一只恐龙。公司董事长的职位像绝对君主制一样由父亲传给儿子：尼基·奥本海默在 2001 年 1 月庆祝了他 55 岁的生日，他是哈里（Harry）的继承人，哈里在 1984 年之前一直担任董事长，而哈里又是欧内斯特·奥本海默（Ernest Oppenheimer）爵士的继承人……

尽管金融分析师推崇专注于核心业务的工业集团，但长期以来，戴比尔斯展现出一种工业大杂烩的形象：旅行社、保险公司，甚至还有一家生产柏森黛红酒的农场——罗德斯果园（Rhodes Fruit Farmes）。现在是时候集中精力于主要业务了，就像鲁珀特家族出售其媒体股份那样。

最后，集团的资本结构也需要现代化。它必须放弃与兄弟集团英美资源集团（Anglo American）的交叉持股，后者是奥本海默帝国的另一颗明珠。两家公司互相持股，但市场不再热衷于这种不伦不类的"硬核"关系。这将是一项复杂的操作，因为南非的企业网络非常复杂。戴比尔斯是一个迷宫，英美资源集团拥有其 35% 的股份，奥本海默家族拥有 2%，而戴比尔斯与博茨瓦纳政府的合资企业博茨瓦纳（Botswana）钻石公司拥有 5.5%。与此同时，戴比尔斯拥有英美资源集团 40% 的股份。计划是实质性地合并戴比尔斯和英美资源集团，使其成为世界上最大的矿业集团，在黄金、铂金、钻石和多种战略金属上占据主导地位，当然还有煤炭。下一步，奥本海默家族可能会将戴比尔斯变为非上市公司，通过回购少数股东的股份将其私有化。为此，必须将其从上市的金融市场中退市。成立于种族隔离时期的戴比尔斯百年公司，将退出苏黎世证券交易所，与此同时，戴比尔斯综合矿业有限公司将从约翰内斯堡证券交易所退市——这对南非已经疲弱不堪的金融市场来说将是灾难性的。过去 10 年，已有 5 家最大的公司离开了南非市场，转投伦敦金融市场。

通过 LVMH，戴比尔斯有潜力成为世界上最强大的珠宝品牌之一。早在伦敦签约仪式前几个月，就有一些未来合作的迹象，例如，迪奥以天价购买了旺多姆广场上的一处空间，这是世界上最好的珠宝店选址。对 LVMH 来说，与戴比尔斯的协议是一笔意外之财。尽管 LVMH 是世界上最大的奢侈品集团，但它的产品阵容还不够齐全。其珠宝和钟表部门是 5 个部门中最小的，仅占集团销售额的 5%。即便新品牌对弗雷德（Fred）和尚美造成了一些影响，集团也能承受。

最让伯纳德·阿尔诺动心的是，他可能会对另一个全球奢侈品巨头——历峰集团——造成打击。历峰集团由另一南非家族——鲁珀特家族拥有，旗下品牌包括名士、伯爵、梵克雅宝和江诗丹顿。该集团的摇钱树是卡地亚，而卡地亚最害怕的就是大珠宝商的崛起。

对历峰集团而言，与其承认任何担忧，它更愿意嘲讽："你真的相信一个漂亮女人会把美丽的珠宝和一个带有'啤酒'（beer）字样的名字联系起来吗？"

钻石已今非昔比

　　钻石也许是永恒的，但已今非昔比。仅由天然钻石主宰的时代已经一去不复返。在珠宝商的利润竞争中，天然钻石仍然是象征地位的宝贵资产，但同时也成为一种障碍，因为它们非常昂贵。股东们要求创造价值，价格的因素使他们难以抵挡住诱惑，因此，他们试图将公众对"白钻"的迷恋扩展到彩钻。这个想法取得了巨大的成功：如今，彩钻已成为时尚，传统的经销商正面临日益增长的压力。粉钻、黄钻和蓝钻的需求量很大，价格也在不断攀升。

　　接下来，合乎逻辑的想法是推出黑钻。这个任务很艰巨。"黑色"的钻石被认为是一种本质上有缺陷的宝石。黑钻有两种类型。碳化钻石由于内部含有大块黑色杂质而呈黑色，主要用于制造工业切割工具。较为稀有的"纯黑钻"内部含有大量微小的石墨颗粒，这使其呈现黑色，但也使其外观显得不完整，因此长期以来被冷落。显然，市场上充斥着许多假黑钻，因为它们外观更光滑、抛光效果更好，这进一步加剧了这一问题，并使整个黑钻家族蒙上了一层阴影。一些经中子辐射处理的假黑钻甚至被禁止进入美国市场，因为它们可能具有放射性。钻石商们找到了一种识别方法：使用足够强的光纤灯，假黑钻在这种光照下呈现深绿色光芒，而天然黑钻则完全不发光。还有其他制造工艺，如高能电子轰击或电动工艺，也可以改善颜色。

在这样的环境下，可以预见，即使是最好的"纯黑钻"，也会因其价格低廉、没有名气而被市场忽视。黑钻存在太多"缺陷"：纯粹主义者发誓，四分之三的黑钻存在明显的缺陷。直到某一天，日内瓦的德·克里斯可诺（De Grisogono）公司的珠宝设计师兼董事长法瓦兹·格鲁奥西（Fawaz Gruosi）决定利用一个微妙的论点来改变黑钻的形象：正是这些缺陷造就了它的魅力。

此外，还有一个故事值得一提。那就是奥洛夫钻石，自18世纪俄罗斯公主纳迪娅·维耶金·奥洛夫（Nadia Vyegin Orloff）佩戴黑钻以来，奥洛夫就是最著名的黑钻。它重达67.5克拉，1995年被一位收藏家以150万美元购得。

格鲁奥西还提出了另一个更具技术性的论点："黑钻"由于含有微小分散的石墨颗粒，因此是单晶体宝石，而非聚合体。黑钻裂缝很少到达表面。

这个论点虽然听起来像一堂枯燥的物理课，但实际上是一个出色的市场营销计划，围绕着一个隐含的承诺：黑钻才是真正的钻石。

德·克里斯可诺还提出了另一个亮点：黑钻与白色金属铂金相结合，效果极佳。萧邦（Chopard）钟表珠宝商创始人的女婿法瓦兹·格鲁奥西决定推出以黑钻为基础的高级珠宝作品，这一决定遭到了业内人士的嘲笑。然而，笑声没有持续多久。巨大的成功也伴随着丰厚的利润。

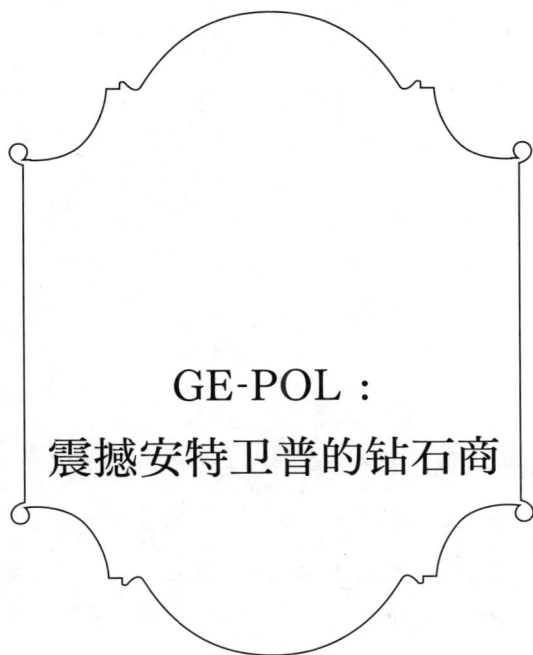

GE-POL：

震撼安特卫普的钻石商

对钻石商来说，黑钻的成功令人震惊，但更大的冲击还在后头。1999 年春天，一则疯狂的传闻从安特卫普传到纽约、特拉维夫和孟买。全世界的钻石买卖商再次紧张起来：有人发明了一种机器，可以制造完美的钻石！"行家们"对此嗤之以鼻，这类荒唐的传闻自古以来屡见不鲜，通常是一些小商贩为了在市场上制造噱头，借机以低价囤货而散布的。

但这一次，情况似乎更为严峻。全球最强大的工业集团之一、市值约 4000 亿美元的通用电气公司（简称"GE"）牵涉其中。据称，通用电气开发的工艺能够漂白钻石，改善其颜色，提升其光泽。在一个天然属性是钻石价值关键的领域，这一创新可能引发一场"地震"。根据一些订阅费高昂的专业期刊［尤其是著名的《拉帕波特钻石报告》（*Rapaport Diamond Report*）］透露的信息，这一工艺不可逆转，且无法检测。如果这是真的，那么一颗质量普通的钻石，可以变成一颗完美的钻石，任何人都可以用处理过的钻石制造出华丽的珠宝，而没人会察觉。其潜在后果是难以估量的。那些垄断高质量钻石市场的独特网络将何去何从？每年600亿美元的钻石珠宝市场是否会因此流失？

1999年6月，美国宝石学院在加利福尼亚州圣地亚哥凯悦酒店举行的会议完全被这一话题所主导，通用电气遭到了猛烈批评。在这次会议上，钻石商们惊恐地得知，俄罗斯人也在研究类似的漂白工艺。通用电气承诺处理的钻石数量将非常有限，但宝石学院院长比尔·博亚贾安（Bill Boyajian）发出了警告。在他看来，通用电气显然决心要颠覆钻石世界，这种颜色变化工艺只是一个庞大技术攻势的开端，其所有后果目前难以预见和衡量。

几周后，在莫斯科召开的一个钻石研讨会上，事情变得更加复杂。南非大型矿业公司戴比尔斯的总裁加里·拉尔夫（Gary Ralf）提出了两个重大问题。首先，他提醒大家，大多数由通用电气处理的钻石属于"Ⅱa"型，用行业术语来说，就是含氮量极低或不含氮。他还证实，这些钻石确实很容易褪色，而且不会被察觉。正因如此，戴比尔斯公司从未推出过任何带有棕色痕迹的"Ⅱa"钻石，而是将它们存放20年，绝不让它们离开公司的仓库。但戴比尔斯进一步声称，公司的专家即将识别出"Ⅱa"型钻石的一些化学特征，从而能够检测出任何对这些钻石的改动。

然而，当传统主义者的焦虑情绪高涨时，一个臭名昭著的阴谋正在酝酿。阴谋的核心是飞马海外有限公司（Pegasus Overseas

Limited，POL）。POL 是拉扎尔·卡普兰国际公司（Lazare Kaplan International）的子公司，它将与拥有技术的通用电气合作，独家分销这些"超级钻石"。对专业人士来说，最令人恼火的是通用电气对其处理方法的绝对保密。由杰克·韦尔奇（Jack Welch）领导的集团只承诺不会使用激光雕刻、辐射或裂缝填补技术。问题层出不穷：如何在不影响碳化学成分或钻石表面的情况下提升钻石的光泽？如何在不进行深度清洁的前提下消除表面的微小氧化和辐射痕迹，而不对钻石进行"处理"，从而对钻石的售价造成重大影响？面对这些问题，人们都保持着缄默。

没人见过这种"超级钻石"的实际效果，也没人能够比较其"处理前"和"处理后"的形态。令钻石界更加困惑的是，通用电气声称这不是严格意义上的"处理"，而是"工艺"。围绕定义的争论十分激烈。

通用电气进一步推波助澜。由于其工艺所做的改变是无法察觉的，该集团只是要求美国联邦贸易委员会（美国的贸易监管机构）允许它不透露这些改变。实际上，这是在请求官方允许它欺骗客户！然而，美国联邦贸易委员会制订的行为准则非常明确：任何显著影响宝石价值的处理必须得到充分告知。

通用电气却不这么认为，它认为这些反对者非常虚伪。毕竟，众所周知，在珠宝市场上没有严格意义上的天然钻石。所有宝石都要经过各种处理，以改善其外观，而美国联邦贸易委员会不会要求向公众披露这些常规程序。简而言之，通用电气的新工艺不会像激光钻孔那样，使普通消费者与知情专家相比处于不利地位。

一场新的钻石战争似乎即将爆发。6 个月之后，美国宝石学院仍然无法给出结论。在此期间，宝石学院的宝石贸易实验室利用各种强大手段研究这些神秘的新钻石，尽管其提出了许多巧妙的假设，但最终还是一无所获。这些假设最终传到了通用电气公司高层的耳朵里。

1999 年 9 月 28 日，通用电气公司决定做个"好孩子"，稍稍缓和一下，以免该研究所因独自成功解开谜团而沾沾自喜。在一份相当简短的新闻稿中，通用电气承认了半真半假的事实：是的，钻石的颜色是通过高温和高压工艺改善的。这确实是通用电气的两项传统专长。但这一过程与深度清洗完全不同，有时对某些珍珠也会采用这种方法。研究所做出了一个影响深远的决定：为了保持中立，它拒绝将这一过程描述为"处理"。因此，在另行通知之前，GE-POL 钻石仍被视为……天然钻石！

为了防止欺诈，美国宝石学院要求拉扎尔·卡普兰国际公司将所有脱色的钻石送回宝石学院，以便用激光在上面刻上"GE-POL"的标记。这一措施让人安心了一段时间，超钻石的售价比未处理的钻石低约 15%。

直到有一天，人们发现某些 GE-POL 钻石上的标记完全消失了。这意味着，在某些情况下，经过改色处理的钻石可能会被善意的零售商当作完全天然的钻石转售。钻石界对此感到震惊，卖家可能会陷入困境。当客户拿着一颗 GE-POL 钻石来找他们时，他们该怎么处理，因为他们自己也不清楚原钻石经历了哪些改动？

这一技术问题还伴随着法律上的复杂性。只要通用电气的工艺仍无法检测，卖家和客户可以同意将这些钻石视为天然的。但如果有人（比如美国宝石学院的工程师）发现了检测 GE-POL 工艺的方法，那么客户在某些美国州就有权追溯和起诉卖家，指控其隐瞒重要信息。另一方面，GE-POL 可能会引发对高科技感兴趣的客户的好奇，特别是当向他们解释这些钻石数量非常有限，属于稀有的收藏品时……

皮埃尔·贝尔热的
新政变

"阿尔诺先生！阿尔诺先生！"

伊夫·圣罗兰戴着他那标志性的黑框眼镜，神情显得非常激动。从迪奥男装秀开始，他就显得不太正常，东张西望，像一只被困在笼子里的朱鹮。有时，这位著名的设计师会自言自语，仿佛在背诵某段台词。时装秀结束，模特们退到后台，迪奥男装的艺术总监海迪·斯利曼在植物园画廊观众的欢呼声中离开。此时，圣罗兰终于行动起来，他有些粗鲁地挤到凯瑟琳·德纳芙面前，靠近 LVMH 的董事长阿尔诺。阿尔诺微笑着，带着一丝冷漠、礼貌和少许愉悦，倾下他修长挺拔的身躯，迎向这位个头矮小还有些驼背的设计师：

"圣罗兰先生，有事吗？"

"阿尔诺先生，求求你，帮我摆脱骗局吧！"

这段对话只持续了几秒钟，就被秀后的喧嚣淹没了。伊夫·圣罗兰到底在说什么？有什么骗局？为什么他总是紧绷着脸？

杰克·朗（Jack Lang）和约翰·加利亚诺明显察觉到这里正在上演一场小戏剧，于是礼貌地退后了几步。就在这时，皮埃尔·贝尔热突然出现，像从盒子里跳出来的恶魔。他用不容置疑的语气对他30年的伴侣说道："闭嘴，快闭嘴！这里有麦克风！"

太晚了！圣罗兰愤怒地摇了摇头，他已经受够了沉默。贝尔热把他强拉到一边。这场戏结束了。只有内行人能理解，刚刚在他们眼前发生的短暂而尖锐的对话很可能会重新点燃伯纳德·阿尔诺和弗朗索瓦·皮诺之间的战争，前者的集团包括克里斯汀·迪奥，后者则控制着圣罗兰。圣罗兰的诉求不难理解：他对所谓的"古驰时代"越来越不满。

自从2年前弗朗索瓦·皮诺成为古驰的主要股东以来，圣罗兰的世界被一分为二：高级定制仍由贝尔热和圣罗兰负责，得到皮诺的直接财政支持；而成衣则直接由古驰的总监汤姆·福特掌管。1999年底，一切似乎都已尘埃落定，但却忽略了心理上的平衡，随着时间推移，这种平衡比预想的要复杂得多。

2000年10月，圣罗兰宁愿躲在他的摩洛哥庄园里，也不愿参加汤姆·福特设计的首场圣罗兰成衣秀。2001年1月27日，汤姆·福特在罗丹博物馆再次展示了圣罗兰左岸的男装系列，模特们戴着黑框眼镜，而圣罗兰依然缺席。一次不来可以理解，两次不来就是故意为之了！尤其是第二天，他是第一个到达迪奥男装秀现场的，这可是阿尔诺最爱的品牌。纯粹的挑衅！他还带来了他的两位缪斯：凯瑟琳·德纳芙和贝蒂·卡特鲁，她们全程在斯利曼的秀上不停赞叹："天啊，这太美了！"很难不把这场热情的表演视为对古驰的蔑视和对皮诺的背叛，尽管皮诺每年都愿意投入数千万法郎以维持圣罗兰昂贵但辉煌的高级定制业务。天才果然生性凉薄！

那么，究竟是谁策划了植物园的这场心理剧？可能是伯纳德·阿尔诺，在他的顾问克里斯托夫·吉拉尔德（Christophe Girard）的建议下。克里斯托夫·吉拉尔德曾是圣罗兰的总裁，自从他离开皮埃尔·贝尔热的保护和控制后，便成了贝尔热的眼中钉。也许阿尔诺是想向弗朗索瓦·皮诺和巴黎时尚界证明，他才是法国传统和品味的真正代表，而古驰的意大利裔美国牛仔们只是外来者。如果这是他的目的，那么目的已部分达成。前一天汤姆·福特的秀只收获了礼貌性的掌声，无法与海迪·斯利曼的巨大成功相提并论。海迪·斯利曼数月前宁愿离开圣罗兰，也不愿受控于福特。阿尔诺阵营又有机会在巴黎沙龙里窃窃私语，暗示福特在圣罗兰找不到方向。《先驱论坛报》的时尚权威苏茜·门克斯也评价说汤姆·福特的圣罗兰秀"太古驰了"。

但相反，如果这一事件是皮埃尔·贝尔热策划的呢？作为伊夫·圣罗兰高级定制的掌门人，他一边假意阻止他的朋友圣罗兰，一边通过制造话题重申他在这个日渐缩水的王国中的主权？这完全符合他的风格……贝尔热不是从一开始就一直在挑拨脆弱的圣罗兰反对汤姆·福特吗？圣罗兰的一名朋友证实说：

"这个皮埃尔就是毒蝎子，一个搞破坏的！"

要确认这些微妙的细节，任何小事都不能忽视。最初，贝尔热本打算独自参加斯利曼的秀，但在前一天却通过克拉拉·圣特(Clara Saint)邀请了圣罗兰及其随行人员，这无疑说明他早有预谋。贝尔热的这番举动不太得体，因为几天前他刚从皮诺的阿耳忒弥斯集团收到了一张用于资助高级定制业务的巨额支票。据知情人士透露，弗朗索瓦·皮诺非常愤怒，他甚至打电话给多梅尼科·德索莱倾泻怒火。

不管怎样，圣罗兰工会的回应是强硬的。圣罗兰意外现身迪奥的秀场并获得热烈掌声后，公司的工会发表了一封公开信，指责皮埃尔·贝尔热背叛了他40年前创建的公司。顺便说一句，这种指责不无道理。而对德索莱来说，这是他职业生涯中第一次得到共产主义工会的支持！

在斯利曼秀开始的几小时前，LVMH曾暗示，如果弗朗索瓦·皮诺以每股100美元的价格收购古驰全部股份，其将放弃一切法律诉讼。皮诺回应说，这个提议已经无效了。于是，双方在植物园重新开战。在这场为了颜面、闪耀和现金的全面战争中，没有一场胜利是微不足道的。

迪奥多余的明星

　　植物园事件，伊夫·圣罗兰的爆发，揭示了古驰-皮诺帝国内部的紧张氛围，在巴黎时尚界引起了巨大反响，也让当天另一场更隐蔽的冲突几乎被忽视。虽然这起事件在更大程度上属于八卦新闻，而不是商业新闻，但它同样揭示了巴黎时尚界的内部矛盾。这次冲突发生在迪奥两位明星设计师——40岁的高级定制和女装设计师约翰·加利亚诺和年轻的男装负责人海迪·斯利曼之间。

　　这次冲突没有被麦克风捕捉到，只有目睹才能相信。因此，在斯利曼中性风格的时装秀上，行家们的目光都集中在坐在加利亚诺旁边的年轻女性身上，她是剪了短发的女演员凯特·布兰切特（Cate Blanchett）。其实，这些行家们关注的并不是这位女演员，而是她的衣服：一套由加利亚诺设计的男士黑色西装，这是对斯利曼的微妙挑衅。

　　从一开始，这两位大牌设计师之间的关系就非常紧张。2000

年 7 月中旬，斯利曼刚加入迪奥重振男装线仅 10 天，坊间就开始流传一个谣言：斯利曼打算像在圣罗兰那样，将部分男装设计给女性穿。加利亚诺敏锐地察觉到这是一种测试反应的手段：通过专业媒体和网站散布谣言，然后在主流媒体上强烈否认，如此反复。

这次谣言更加可信，因为斯利曼年少成名，就是凭借他的"边界"理念。在他眼里，性别界限不存在。他在性别之间自由穿梭，不受任何束缚。麦当娜曾因穿着斯利曼设计的西装而助他一炮而红，为什么不继续这样做呢？

这一切让加利亚诺感到不安，以至于在为迪奥举办的夏季时装秀上，他在后台泪流满面，而此时音响系统播放着女性接近高潮的呻吟和鞭打声的混合音效。有些评论家认为这是反映加利亚诺内心折磨的一种音乐化表达。迪奥董事长西德尼·托莱达诺努力保持务实的态度：

"听着，我只能告诉你，如果一个女人走进我们的男装店，要求做一套西装，我们会做给她。"

这番诚挚的安抚之词却让加利亚诺如遭掌掴。他发现自己突然对性别区分产生了强烈的热情。可以说，女性是他的舒适区。凯特·布兰切特在植物园画廊穿的西装对他来说是一个小小的胜利，这意味着在 6 个月内，他征得了托莱达诺的同意，不允许任何女性模特为斯利曼走秀。

那么，加利亚诺完全放心了吗？恐怕未必。加利亚诺 40 岁，斯利曼 32 岁，前者不可能不担心后者对未来的野心。

我们对斯利曼的了解还不多。他母亲是意大利人，父亲是突尼斯人，他读过文学预科班，并在卢浮宫学校学习过一段时间。在被克里斯托夫·吉拉尔德聘为圣罗兰男装设计师之前，他是何塞·莱维（José Lévy）的助理，在巴黎、纽约和柏林三地生活。我们知道他有点专制。据说他曾重新设计迪奥工作室的大门，以更好地展示自己的身材，还曾公开羞辱过一位穿着绿色夹克上班的同事。但这些都不算严重。

斯利曼虽然年轻，但绝不是个善茬。他在 2000 年 3 月离开圣罗兰男装线的决定展示了他的战略才能。当时的传言是，他绝不会适应在古驰派来的汤姆·福特手下创作，于是他辞职了。斯利曼年轻、雄心勃勃，受到几位好莱坞明星的喜爱，他有资本这样做。这次虚张声势的"效果"出乎他的意料。汤姆·福特害怕乔治五大道的大批员工外流，于是发表声明称斯利曼的才华"强大到值得拥有自己的品牌"。古驰立即宣布它是斯利曼成立新品牌的"唯一对话方"，这使斯利曼瞬间成为欧洲最受追捧的设计师。*Vogue* 甚至报道称，普拉达的"总指挥"帕特里齐奥·贝尔特利很乐意将自己刚刚收购的吉尔·桑达男装部门交给他。

古驰所宣称的"独家合作"当然纯属虚构，这将使斯利曼在与 LVMH 谈判时占据有利位置，毕竟 LVMH 是古驰的宿敌……但无论伯纳德·阿尔诺多么希望羞辱古驰，他的集团都不想再增加一家时装公司，毕竟它已经拥有 10 家时装公司了，伯纳德·阿尔诺唯一创立的时装公司克里斯汀·拉克鲁瓦，直到 2001 年才首次盈利，距离公司成立已过去 15 年。显然，古驰也没有太大兴趣，因为最终斯利曼加入了迪奥……

尾声：三月的惊喜

　　在米兰蒙特拿破仑大街，这个奢侈品中心的每个人仍然在谈论这一事件。没有人会想到，"手袋之战"会以如此滑稽且小气的方式展开。事情的经过如下：

　　2001 年初，迪奥——伯纳德·阿尔诺最钟爱的品牌——在这条世界上房地产价格最高的街道上开设了一家豪华店铺。为获得前租户的搬迁权，迪奥支付了高达 200 亿里拉（约 7000 万法郎）的巨额费用，外加高昂的月租金。这可不是一笔小数目。当地人有自己的习惯和风俗。在米兰，租户及其律师在交房租之前，总是要仔细检查租期是否为 12 年，以便摊销这笔费用。这时候可不能分心。

　　然而，西德尼·托莱达诺的律师们那天显然有些心不在焉，因为他们没有注意到租约只有 5 年期限！在和平年代，这个错误可能只是小问题。然而，在奢侈品战争中，迪奥所在的楼突然以 1800

亿里拉的高价被古驰收购！多梅尼科·德索莱打算在底层安置他旗下的所有品牌。不久后，他的集团还将增加一个新品牌——斯特拉·麦卡特尼的时装品牌。2000 年，这位年轻的女士几乎要取代汤姆·福特在古驰的位置，这样他就可以专心经营圣罗兰了，但由于这位狂热的素食主义者拒绝与皮革和皮草打交道，谈判就此搁浅……不管怎样，5 年后，迪奥必须搬走，并支付新的搬迁费。

这标志着 21 世纪的第一年对伯纳德·阿尔诺来说并不顺利。对所有奢侈品牌来说，2000 年是丰收的一年，利润增长达两位数。但大家都知道，2001 年将不会如此辉煌。美国的衰退威胁以及日本消费者再次陷入自 20 世纪 80 年代末金融泡沫破裂以来的长期危机，这一切对奢侈品巨头们来说是个坏兆头。随意收购品牌的时代一去不复返了。现在，大家都在巩固阵地，舔舐伤口。

显然，规模越大，越容易受到即将到来的经济增长放缓的影响。虽然 LVMH 作为全球第一的奢侈品集团，可能因其在时装和皮具品牌之间的广泛多元化而免受经济周期的影响，但它仍然需要谨慎行事。LVMH 最近的收购未能让金融分析师信服。与普拉达共同收购的芬迪尚未建立起真正的管理团队，而芬迪五姐妹又是性格非常强势的女性，这使得项目推进特别困难。对美国成衣品牌唐娜·卡兰的收购终于有了结果，这是第一个被外资控制的美国大品牌。LVMH 支付的价格低于其销售额，但集团是否有必要这样做？答案并不明确。正所谓"贪多嚼不烂"。在奢侈品行业，过度收购反而会影响重振品牌的效果。

这些疑虑以及全球经济增长放缓导致 LVMH 股价震荡。在经历了 1997 年亚洲危机后的 2 年大幅增长后，其股价在 1 年内下跌了 37%，表现极为反常。同期，摩根士丹利迪恩威特（Dean Witter）的"奢侈品指数"仅下跌了 4%。

不过，也有一些好消息传来。阿尔诺最终在与弗朗索瓦·皮诺的争斗中胜出。原本丑化了路易威登总部所在大楼的 Conforama 标志被移除了。这家家具分销商属于皮诺集团，家具商店位于该大楼。两人围绕这个标志已经争执了 3 年，尽管其存在违背城市规划法规，但该标志已存在超过 20 年。

更重要的是，2001 年 3 月 8 日，古驰与 PPR 的联盟首次遭遇挫折。阿姆斯特丹企业商会下令调查，确定多梅尼科·德索莱的集团是否在与 PPR 集团的联盟中存在"管理失误"。这是荷兰首次对非破产公司展开调查。3 位资深商业专家负责此事：ING 银行前董事长阿德·雅各布斯（Ad Jacobs），联合利华前法律总监 H. 霍内（H. Honée），以及独立法律顾问 J. 雷克尔斯（J. Rijkels）。在 6 个月内，这 3 位专家将调查古驰的档案，以确认其与 PPR 的合作是否合法。然而，他们无权探究 LVMH 强烈暗示但未提供证据的假设，即古驰高管通过股票期权受贿。对自动上诉的古驰来说，这无疑是一次沉重打击。商会不仅下令调查，还在判决中严厉批评了该联盟，声称古驰假意与 LVMH 谈判，却与 PPR 集团签约，"没有尊重荷兰民法典的合理和公平原则"。合理与公平——在阿姆斯特丹，人们对这两个词非常重视……

　　至此，我们的奢侈品战争编年史已经结束。围绕古驰的争斗不会无限期持续。无论是 10 年还是 10 天，它终将结束。这场争斗表明，奢侈品行业和其他行业并无明显不同，相关金融利益使它永远无法重返家庭手工艺的美好旧时光。规模化营销、传播和广告已经掌控了奢侈品行业这只会下蛋的金鹅，且绝不会放过它。整个世界都发生了变化：奢侈品不再像路易 - 安布罗瓦兹·德·博纳尔德（Louis-Ambroise de Bonald）所乐观想象的那样，是"对完美的不懈追求"。如今，它同样被对利润率的迫切追求所驱动。奢侈品行业经历了集中、合并、收购的磨砺，受益于商品推销，同时受到过于相似的品牌间互相蚕食的威胁，它现在反而需要警惕其惊人的成功。我们不妨玩味一下幽默作家兼剧作家亨利·杜弗诺瓦（Henri Duvernois）的名句，他常以厌烦的口吻说："奢侈品，是傻子们的艺术！"

附　录

LVMH 及阿尔诺集团

高级定制、成衣、皮具

- Dior - 迪奥
- Givenchy - 纪梵希
- Christian Lacroix - 克里斯汀·拉克鲁瓦
- Emilio Pucci - 艾米里欧·普奇
- Kenzo - 高田贤三
- Donna Karan - 唐娜·卡兰
- Louis Vuitton - 路易威登
- Loewe - 罗意威
- Celine - 思琳
- Fendi（50%）- 芬迪
- Thomas Pink - 托马斯·平克
- Berluti- 伯尔鲁帝

香水

- Parfums Christian Dior - 迪奥香水
- Kenzo Parfums - 高田贤三香水
- Parfums Givenchy - 纪梵希香水
- Guerlain - 娇兰

化妆品

- Benefit Cosmetics - 贝玲妃
- Bliss - 布莉斯
- Fresh - 馥蕾诗
- Hard Candy - 硬糖
- Make Up For Ever - 玫珂菲
- Urban Decay - 衰败城市

珠宝与钟表

- Chaumet - 尚美
- Fred - 弗雷德
- Ebel - 玉宝
- Tag Heuer - 泰格豪雅

艺术市场

- Étude Tajan - 泰康拍卖行
- Étude Phillips - 菲利普斯拍卖行

分销

- Duty Free Shoppers - 免税店
- Sephora - 丝芙兰
- Le Bon Marché - 乐蓬马歇百货公司

其他

- Omas - 欧玛斯
- eLuxury - eLuxury

弗朗索瓦·皮诺及古驰集团

成衣

- Gucci - 古驰
- Yves Saint Laurent - 圣罗兰
- Alexander McQueen - 亚历山大·麦昆
- Stella McCartney - 斯特拉·麦卡特尼
- Sergio Rossi - 塞尔吉奥·罗西
- Bottega Veneta - 葆蝶家

珠宝与钟表

- Boucheron - 宝诗龙
- Roger & Gallet - 香邂格蕾
- Bédat & Co - 贝达

高级定制

- Yves Saint Laurent Haute Couture - 圣罗兰高级定制

艺术市场

- Christie's - 佳士得

SWATCH - 斯沃琪

品牌

- Bréguet - 宝玑
- Blancpain - 宝珀
- Glashütte Original - 格拉苏蒂原创
- Jaquet-Droz - 雅克德罗
- Omega - 欧米茄

- Longines - 浪琴
- Rado - 雷达
- Tissot - 天梭
- Calvin Klein Watches - 卡尔文·克莱恩腕表
- Certina - 雪铁纳
- Mido - 美度
- Hamilton - 汉米尔顿
- Pierre Balmain - 皮尔·巴尔曼
- Swatch - 斯沃琪
- Flik Flak - 飞菲
- Endura - 英杜拉

机芯

- ETA - 艾塔
- Frédéric Piguet - 弗雷德里克·比盖
- Nouvelle Lemania - 劳曼尼亚
- Valdar - 瓦尔达
- Favre & Perret SA - 法弗尔与佩雷
- Georges Ruedin - 乔治·鲁丹
- Mecco - 美克
- Lascor - 拉斯科尔
- SMH Assembly - SMH 组装公司
- Comadur - 科马杜尔
- Nivarox-FAR - 尼瓦洛克斯
- Omega Electronics - 欧米茄电子

GROUPE GRADA 普拉达集团

- Prada - 普拉达
- Jil Sander - 吉尔·桑达

- Helmut Lang - 赫尔穆特·朗
- Church's - 切尔西
- Fendi（50%）- 芬迪

RICHEMONT 历峰集团

- Cartier - 卡地亚
- Van Cleef & Arpels - 梵克雅宝
- Piaget - 伯爵
- Baume et Mercier - 名士
- IWC - 万国
- Jaeger-LeCoultre - 积家
- A. Lange & Söhne - 朗格
- Officine Panerai - 沛纳海
- Vacheron Constantin - 江诗丹顿
- Dunhill - 登喜路
- Lancel - 兰姿
- Montblanc - 万宝龙
- Montegrappa - 万特佳
- Hackett - 哈克特
- Old England - 老英格兰
- Purdey - 普迪
- Chloé - 蔻依
- Shanghai Tang - 上海滩